AF463037

DISCOURS

PRONONCÉ

A LA DISTRIBUTION DES PRIX

DU LYCÉE DE NIMES,

Le 10 Août 1857,

Par M. GASTON BOISSIER,

Professeur de Rhétorique.

NIMES,

IMPRIMERIE C. DURAND-BELLE, PLACE DU CHATEAU, 10.

1857.

JEAN-FRANÇOIS SÉGUIER.

MESSIEURS,

L'usage veut que, dans la solennité de ce jour, nous mêlions quelques conseils aux récompenses qu'on distribue aux Élèves, et qu'avant de leur ouvrir les portes du collége, nous leur donnions encore une leçon qu'ils écoutent sans trop de peine, car ils savent que c'est la dernière, et peut-être avec plus de profit, parce qu'elle emprunte plus d'autorité de l'éclat de la fête et de la présence des familles. C'est là une sage coutume, et qu'il convient de respecter. Mais, vous le savez, disserter sur les vertus et les vices n'est pas le seul moyen de faire des leçons à la jeunesse. Il y a, Dieu merci, des vies pures et honnêtes qui sont un enseignement aussi, et nous inclinent au bien par l'attrait de l'exemple. Et lorsque, par un hasard heureux, l'amour de la science s'est joint à la pratique de la vertu, quand on rencontre une de ces natures d'élite qui s'est autant distinguée par les talents de l'esprit que par les qualités du cœur, et qui a mérité tout ensemble le respect et l'admiration du public, il importe de la signaler aux jeunes gens, de la placer devant leurs yeux comme un modèle, et d'en faire une leçon vivante qui se grave en leur souvenir.

Notre ville, Messieurs, a possédé un de ces hommes, à la fois vertueux et savant, digne de nous instruire par l'honnêteté de son caractère, comme il nous étonne par l'étendue de ses connaissances ; c'est celui que les Nimois du dernier siècle appelaient avec orgueil : notre Séguier. Il était alors connu de tout le monde lettré ; il appartenait à la plupart des sociétés savantes de Paris, de la province et même de l'étranger, et les plus illustres érudits écoutaient avec respect ses décisions. Mais, comme il était plus sensible au plaisir d'obliger les autres qu'occupé à se faire une réputation solide, et qu'il dépensait son temps à aider de ses lumières tous ceux qui le consultaient, il n'a écrit qu'un très-petit nombre d'ouvrages. Par là, il s'est exposé au danger de ne pas survivre à la génération qui l'a pu connaître et qui a profité de sa science ; et déjà même, parmi nous, son nom commence à être oublié. C'est ce qu'il ne faut pas souffrir, Messieurs ; des hommes de bien et de talent comme lui sont un honneur pour leurs compatriotes, et leur renommée, un héritage public qu'il importe de défendre. Aussi, me suis-je cru autorisé à m'éloigner des usages ordinaires pour vous parler de lui. J'ai pieusement cherché, dans cette vaste et savante correspondance qu'il légua à sa patrie et que la poussière dévore aujourd'hui, tout ce qui le peut faire bien connaître, afin que la jeunesse s'instruise par ce noble exemple, et que la cité, qu'il a enrichie de ses dons et honorée par son talent, ne perde pas son souvenir.

Séguier était né à Nimes, en 1703, et il appartenait, comme son ami Ménard, comme ses devanciers Graverol et Guiran, à une famille de robe. — On sait avec quelle ardeur la magistrature de ce temps cultivait les sciences et les lettres. Comme ces hautes fonctions étaient alors des héritages, et que d'ordinaire on arrivait de bonne heure au rang qu'on devait occuper toute sa vie, l'ambition personnelle n'y avait guère d'aliment; on tournait donc toute l'activité de son esprit vers les recherches d'érudition; on se servait des ressources de sa fortune pour former de précieuses collections et de riches bibliothèques. C'est ce que faisaient surtout ceux qui occupaient les premières places dans les parlements de province : les présidents de Mazaugues, à Aix; d'Orbessan, à Toulouse; Bouhier et de Brosses, à Dijon. De là l'émulation s'étendait aux tribunaux inférieurs, et les magistrats de tout rang se faisaient gloire de cultiver les lettres autant que de connaître les lois. Ces traditions ne s'altérèrent que vers la fin de ce siècle, avec les préoccupations politiques qui commençaient; et, en 1780, le vieux président de Saint-Vincent, témoin de cette décadence, écrivait à Séguier : « Pendant plus de deux siècles, » la magistrature a produit de très-beaux esprits et » des gens qui ont cultivé avec succès tous les genres » de littérature. Cela a bien changé de face ; il y a » encore quelques gens d'affaires, et bientôt il n'y » aura plus rien. »

Séguier, destiné à succéder à son père, reçut donc, chez les jésuites, au lieu même où nous sommes, cette forte éducation littéraire que l'on regardait comme indispensable aux magistrats. L'antiquité lui devint bientôt familière. Il n'en faut pas être surpris ; elle est vivante chez nous ; elle vient partout chercher nos regards ; elle nous sollicite à l'étudier, et c'est presque pour nous une connaissance de famille. On prétend qu'à dix ans une médaille d'Agrippa, qu'il rencontra par hasard, éveilla sa curiosité et le fit antiquaire. Dès-lors il s'occupa à recueillir, à classer, à expliquer les monnaies antiques qu'il pouvait trouver. Dacier raconte qu'une nuit, aidé d'un seul camarade, armé d'une lanterne, il osa descendre dans un puits que l'on creusait au collége, et où il espérait découvrir quelque médaille inconnue ; mais, comme son ami ne réussit pas à l'en tirer, il y demeura jusqu'au jour, fort effrayé du péril qu'il avait pu courir, sans être guéri de la passion qui l'y avait exposé. Il n'était pas moins curieux de trouver et de comprendre ces inscriptions antiques, si fréquentes en notre pays, gravées sur des tombes brisées, ou placées au faîte des anciens édifices, dont elles nous font connaître l'âge et la destination, et qui, par leur simplicité et leur grandeur, sont vraiment dignes des monuments qu'elles surmontent.

Telles étaient les études qui l'occupaient et auxquelles on l'arracha à vingt ans pour l'envoyer faire son droit à Montpellier. Le droit lui plaisait médiocrement ; mais, pour ne point désobéir à son père, il apprit par cœur les Institutes, sans se piquer d'y rien comprendre ; et, ayant par là rassuré sa conscience, il se livra à des travaux qui étaient plus de son goût. Il fréquentait le jardin des plantes plus que l'école de droit ; et, profitant des excellents maîtres qu'il trouvait à Montpellier, il étudiait les sciences exactes, la physique, l'astronomie, la botanique surtout, qui devint sa seconde passion. De retour à Nîmes, en attendant que son père lui cédât son siége au présidial, il revint à ses études chéries avec plus d'ardeur encore, et surtout avec plus de succès. « Comme le pays de l'antiquité est vaste, disait-il, » on y peut faire toujours quelques découvertes. » C'étaient des médailles qu'il expliquait, des inscriptions qu'il parvenait à lire : découvertes modestes, dont il ne songeait pas à tirer vanité, mais qui pourtant firent quelque bruit ; par elles, son nom commença à se répandre, et je vois qu'en 1728 un jésuite d'Avignon lui écrivait : « La réputation que vous vous » êtes acquise dans la république numismatique me » fait souhaiter passionnément d'être en commerce de » lettres avec vous. Un homme de votre mérite est à » rechercher, et l'on ne peut que beaucoup profiter

» de vos lumières. » Vers le même temps, ses travaux le mirent en relation avec le savant et irascible baron Bimard de La Bastie, qui fut depuis un des membres les plus distingués de l'Académie des Belles-Lettres, et celui-ci s'empressa de le faire connaître à son ami, le célèbre président Bouhier. Bouhier apprécia du premier coup le talent du jeune antiquaire. « Je dois » bien des remercîments, lui écrivait-il, à M. de La » Bastie, pour m'avoir procuré la connaissance d'un » homme de votre mérite, et qui a autant de goût pour » la belle érudition. » Certes, il était beau, pour un jeune homme de vingt-cinq ans, d'être ainsi traité par les maîtres de la science. Néanmoins, malgré tous ces éloges et l'estime de tant d'hommes distingués, Séguier, perdu dans sa province et condamné à y demeurer, timide d'ailleurs et modeste à l'excès, aurait eu grand peine à se faire un nom qui retentît jusqu'à Paris, si un hasard singulier ne lui avait fourni l'occasion de compléter ses études et de se faire connaître.

Au mois d'octobre 1732, Nimes fut visité par un voyageur illustre, le marquis Scipion Maffei, qui était assurément un des personnages les plus célèbres de l'Europe. Cet homme étrange, d'une activité d'esprit incroyable, d'une prodigieuse intelligence, avide de découvertes et très-capable d'en faire, qui rassemblait en lui les qualités les plus diverses, s'était successivement épris de toutes les sciences que l'homme peut cultiver. « Il fut à la fois, dit Lebeau, poète, » critique, antiquaire, historien, physicien, casuiste

» même et théologien, autant qu'on peut l'être, quand » on est tant d'autres choses. » En ce moment, il s'était tourné vers l'érudition; et, tout entier à sa passion nouvelle, il venait de quitter l'Italie pour aller visiter les monuments anciens que l'Europe conserve, et s'entretenir avec les savants qui essaient de les expliquer.

Il ne pouvait pas venir en France sans s'arrêter à Nimes, ni visiter Nimes sans y voir Séguier. Comment se fit cette rencontre, et quelle occasion rapprocha ces deux esprits d'élite destinés à ne se plus quitter ? Voici ce qu'on peut conjecturer d'après les lettres de La Bastie. Maffei était grand patriote, et rien ne le préoccupait comme la gloire de sa chère Vérone. Aussi s'était-il mis en tête de donner plus de prix aux antiquités qu'elle renferme, en rabaissant celles des autres pays. Comme il ne connaissait nos arènes que par un dessin fort inexact, il s'avisa de prétendre que ce n'était pas un amphithéâtre, réservant ce nom au colysée de Rome et aux arènes de Vérone. Séguier connaissait cette singulière opinion et ne la ménageait guère ; car lui aussi, il aimait sa patrie, et il était fier des monuments qu'elle possède. C'est donc probablement devant les arènes que les deux rivaux se rencontrèrent, armés de textes et d'arguments, et prêts à combattre énergiquement pour la gloire de leur pays. Mais contrairement à l'usage des savants, espèce plus irritable encore que celle des poètes, Séguier était doux et modeste, aussi honnête en ses manières que sûr dans sa science. Maffei, qui avait eu plus d'une fois affaire aux érudits de l'Allemagne, les plus emportés de tous, fut étonné sans doute de rencontrer tant de science unie à tant de politesse et d'aménité. Charmé d'avoir trouvé un antiquaire si traitable, il lui proposa de l'accompagner; et comme il ne s'agissait, disait-on, que de visiter Arles et Narbonne, la famille de Séguier consentit à le laisser partir; mais à mesure que ces deux savants se connaissaient davantage, leur amitié devenait plus étroite; bientôt ils ne songèrent plus à se séparer, et Séguier, qui croyait quitter Nimes pour quelques semaines, n'y devait revenir qu'après une absence de vingt-deux ans.

Son voyage, dont il a laissé une relation manuscrite, était une véritable tournée d'érudit. On allait à petites journées, accueilli des savants, fêté des Académies; on traversait rapidement les grandes villes modernes qui ne contiennent ni manuscrits ni inscriptions, et l'on s'arrêtait avec complaisance dans les villages où se trouvait par hasard quelque débris antique. On s'oubliait dans les bibliothèques, et l'on s'éloignait souvent des routes frayées pour aller visiter à travers champs quelque ruine curieuse. C'est ainsi qu'ils mirent trois longs mois à se rendre de Nimes à Paris, et qu'ils demeurèrent à Paris trois ans entiers pour le bien connaître. Ils visitèrent ensuite de la même façon l'Angleterre, la Hollande, l'Allemagne; et, enrichis de tout ce qu'ils avaient trouvé d'intéressant et de rare sur leur route, ils retournèrent à Vérone.

Grâce au marquis, Vérone était devenu à la fois un Musée et une Académie. Il y avait rassemblé, sous un portique dorien, les plus beaux marbres et les inscriptions les plus curieuses. Il y attirait par sa généreuse hospitalité les hommes les plus distingués de l'Italie, et retenait au passage les savants du monde entier qui, en voyageant de ce côté, ne manquaient pas de le venir voir. L'hiver se passait en discussions savantes et en recherches érudites; l'été, Séguier partait pour les montagnes du Véronais et du Vicentin. Il y allait observer les plantes alpestres, non pas desséchées dans un herbier où elles se dénaturent, mais vivantes, et sur le sol même où elles croissent. Ce n'était pas, croyez-le bien, des voyages sans péril; car, outre les dangers d'une nature sauvage, il fallait braver l'ignorance et les soupçons des paysans. Séguier raconte qu'en le voyant ainsi s'isoler dans les montagnes on le prenait pour un sorcier, et qu'on le voulait rendre responsable des orages qui désolaient la contrée. C'est au retour de ces courses qu'il écrivit son traité sur les *plantes de Vérone* et sa *bibliothèque botanique*, ouvrage aujourd'hui délaissé, mais qui, à son époque, fut bien accueilli des savants. L'illustre Réaumur, en le présentant à l'Académie des sciences, demanda et obtint pour son auteur le titre de correspondant; et Linné, dont Séguier avait relevé quelques erreurs, loin de se plaindre, l'en remercia modestement, et dès lors l'appela son maître.

A la mort de Maffei, en 1755, Séguier songea à

revenir en France. Mais où devait-il se fixer? La réputation qu'il s'était faite semblait l'appeler à Paris; les amis qu'il y conservait le sollicitaient d'y venir. Dès ce moment, Messieurs, Paris attirait à lui les hommes distingués de la province, et l'on commençait à trouver qu'on ne peut travailler ni vivre que là. « Il faut dire la vérité, écrivait La Bastie dans un » accès d'humeur, les choses ne sont pas bien dis- » tribuées en France. Les gens de talent n'ont de res- » source pour le faire valoir qu'à Paris. Dans les autres » états, plusieurs villes fournissent et conservent de » bons sujets pour la littérature; dans le nôtre, tout » ce qui n'est pas à Paris, ou n'y tient pas par quelque » endroit, ne fait que ramper. » Mais, je l'ai dit, Séguier aimait son pays. Ni les distractions des voyages, ni l'accueil empressé des grands seigneurs ne le lui avaient fait oublier. De Vérone, il avait les yeux fixés sur Nimes; et, dès qu'il fut libre d'y retourner, il sacrifia sans regret la réputation qu'on lui promettait à Paris au plaisir de revoir sa famille, ses amis, le lieu de ses premières études, et ces monuments dont l'aspect avait éveillé en lui le goût de la science. Aussi son retour fut-il pour tous une fête. L'Académie de Nimes s'empressa de le nommer son directeur, et chargea son secrétaire perpétuel de lui témoigner la joie qu'on avait à le revoir. « Depuis longtemps, lui » dit le marquis de Rochemore, nous voyions avec » envie et avec douleur l'Italie s'enrichir de nos dé- » pouilles, et Vérone retenir un trésor dont Nimes

» connaissait tout le prix. Nous hâtions votre retour » par nos désirs, et nous n'osions cependant nous » livrer à toute leur vivacité. Nous savions que le » moment qui vous ramènerait vers nous serait mar- » qué par vos larmes. Pour vous rendre une liberté » que vous aviez sacrifiée à l'amitié et à la recon- » naissance, il fallait que la république des lettres » perdît un de ses plus illustres soutiens; il fallait que » vous perdissiez un ami. Ne rouvrons point la plaie » de votre cœur; oublions le passé. Nous vous possé- » dons, Monsieur, et pareil à ces anciens triompha- » teurs, qui montaient au Capitole, suivis des dépouilles » des nations qu'ils avaient vaincues, vous êtes revenu » dans votre patrie, apportant les plus riches produc- » tions que l'art et la nature eussent formées dans les » différents climats que vous avez parcourus. »

Un tel accueil, Messieurs, toucha profondément Séguier, et il semble qu'il ait voulu y répondre en publiant, l'année d'après, sa dissertation sur la Maison-Carrée. C'était payer noblement sa bienvenue à son pays. Tout le monde sait qu'il y racontait comment il avait retrouvé l'inscription de ce beau monument à l'aide des trous dans lesquels s'enfonçaient les crampons de fer qui retenaient les lettres de bronze. Cet opuscule, écrit avec autant de netteté que de science, fut remarqué, et la découverte de Séguier eut une fortune singulière. Non-seulement elle fut connue des érudits et applaudie par l'Académie des Belles-Lettres, mais elle pénétra plus loin, et jusque dans ce monde léger où les travaux de ce genre ne parviennent guère. Ce qu'il y avait d'ingénieux, d'étrange, presque de romanesque dans cette manière de faire revivre une inscription perdue, piqua la curiosité publique ; les journaux s'en occupèrent ; et, dans un de ces mémoires que la France dévora, Beaumarchais, qui s'efforçait de reconstruire toute une intrigue ourdie contre lui, par quelques fils seulement qu'il en pouvait saisir, se comparait à l'antiquaire de Nimes, refaisant avec quelques trous une inscription entière. « Quelle sagacité, ajoutait-il, quelle connaissance » de l'histoire, quel esprit de calcul, quelle méthode, » et surtout quelle patience il a fallu pour nous donner » le vrai sens de cet obscur hiéroglyphe, qu'un silence » de dix-sept siècles devait rendre impénétrable! »

Cette renommée, qu'un hasard heureux lui apporta, Séguier ne fit rien pour en profiter ni pour l'étendre. Il rentra dans son obscurité volontaire et ne voulut plus appeler sur lui, par aucun ouvrage, l'attention du public. Est-ce à dire qu'après une vie si bien remplie, il se soit reposé ? Non, Messieurs, et pour être convaincu qu'il ne se reposait pas, il suffirait de jeter les yeux sur sa vaste correspondance. Il était en commerce réglé avec les savants de l'Europe entière ; de tous les pays, il lui arrivait des lettres auxquelles il répondait avec un soin scrupuleux. Tel était son zèle pour la science, que tous ceux qui s'en occupaient, en quelque partie du monde que ce fût, devenaient aussitôt ses amis, et qu'il leur savait gré de leurs travaux, comme s'il en devait profiter lui-même. Aussi n'épargnait-il rien pour les aider dans leurs recherches. Ses livres, ses médailles, ses manuscrits voyageaient sur toutes les routes ; et, quelque tendre affection qu'il eût pour sa bibliothèque et ses riches collections, c'était, comme sa science, un trésor ouvert à tout le monde. S'il ne publiait pas lui-même d'ouvrage, il faisait part de ses lumières à tous ceux qui en écrivaient. Toutes les fois qu'on lui demandait un renseignement, il répondait par une dissertation. Il revoyait, corrigeait et refaisait quelquefois les travaux qu'on lui soumettait. Que de mémoires applaudis sous d'autres noms à l'Académie des Belles-Lettres, et dont la gloire lui revient en partie par les erreurs qu'il a relevées ou les matériaux qu'il a fournis ! Aussi, avait-on recours à lui de tous côtés. Si l'on découvrait quelque part une inscription difficile, c'est à lui qu'on s'empressait d'écrire pour la pouvoir expliquer ; car il était devenu, aux yeux de l'Europe entière, une sorte d'interprète officiel de l'antiquité. Aussitôt il se mettait à l'ouvrage ; pour satisfaire ses correspondants, il allait jusqu'à négliger ses propres travaux ; et s'il les charmait par son obligeance, il ne les étonnait pas moins par l'étendue de son savoir. « Nous voyons bien, lui disait l'un d'eux, » que toute l'érudition n'est pas retirée à Paris, et que » la province a quelquefois des yeux plus clairvoyants » que la capitale. » — « C'est pour le coup, lui écrivait » un autre, que M. Trudaine dirait que vous avez

» sûrement vécu du temps des Romains. Il faudra » bien croire à la métempsychose, et, à moins d'avoir » été leur contemporain, ou d'avoir reçu d'eux de » bons mémoires, il n'était pas possible d'arracher le » voile que tant de siècles ont jeté sur ces précieux » monuments. » Mais surtout, aucun soin, aucune peine ne lui coûtait, dès qu'il s'agissait d'être utile aux jeunes gens. Jamais il n'éprouva contre eux cette amertume naturelle aux gens qui se sentent vieillir et qui se voient remplacer. Au contraire, rien n'égalait sa joie lorsqu'il en rencontrait qui avaient le goût des travaux de l'esprit, et qui promettaient d'y réussir. Il mettait alors sa science à leur service, il les aidait de sa réputation et de son crédit; dans ces pénibles moments où l'on doute de soi, il les soutenait et leur redonnait cœur; il regardait leurs succès comme les siens, et après y avoir servi, était le premier à y applaudir. C'est ainsi qu'il fut le protecteur, l'ami de Rochefort, de Sainte-Croix, de Dansse de Villoison, jeunes gens destinés à être à leur tour des maîtres, dont il a prédit et aidé la fortune, et qui ne furent pas ingrats envers sa mémoire.

Il est vrai que, le plus souvent, ces services qu'il rendait aux autres demeuraient secrets, et qu'en travaillant ainsi pour eux, il ne s'occupait guère de lui ni de sa réputation. Mais que lui importait? Il étudiait pour apprendre, et non pas afin d'obtenir le renom de savant, n'étant pas de ces gens amoureux de renommée et empressés d'en jouir, qui ne cherchent dans la science qu'un moyen de faire du bruit. Lui, l'aimait, chose rare! pour elle-même, et travaillait uniquement pour le plaisir qu'on trouve à éclairer son esprit. Si pourtant il consentit quelquefois à faire connaître ses travaux au public, c'est qu'on lui fit comprendre que le public en devait tirer du profit. Aussi retrouvons-nous dans ses livres, à les regarder de près, le même caractère que dans sa vie; et, en les publiant, il songeait plutôt à être utile qu'il ne cherchait à se faire un nom. C'était d'ordinaire de ces œuvres de patience et d'abnégation qui rendent à la science des services sans éclat, qui profitent à tout le monde, excepté à celui qui les a écrites, car il n'en doit attendre ni fortune ni renommée. Tel était surtout le grand ouvrage auquel Séguier consacra sa vie entière, et qui devait contenir une table de toutes les inscriptions connues, pour faciliter les recherches des érudits. Il en avait conçu le plan dès ses premières années, et, en 1752, il en avait déjà terminé deux volumes. Le savant Hagenbuch le suppliait de se presser, lui rappelant le proverbe latin qui dit que donner vite c'est donner deux fois : *bis dat qui cito dat*. Mais Séguier pensait qu'en cette matière il vaut mieux faire attendre les érudits que de tromper leur espoir. Cependant ceux-ci, après avoir attendu plus de vingt ans, perdaient patience. «Est-il » donc possible, lui écrivait Rochefort, qu'il manque » encore quelque chose à ce grand et savant ouvrage » dont vous vous occupez depuis si longtemps? Ne met-

» trez-vous pas de terme à vos recherches, et ne » pouvons-nous pas espérer de jouir bientôt du fruit » d'un travail si vaste et si curieux? » Ces pressantes sollicitations touchèrent enfin Séguier. En 1774, il fit choix d'un libraire et se prépara à lui envoyer son manuscrit. Le bruit s'en répandit dans le monde savant, et les félicitations lui arrivèrent de tous côtés; mais lui, se ravisant tout-à-coup, demanda deux ans encore pour revoir son travail; il en mit douze, Messieurs, et, quoiqu'il eût réuni plus de deux cent mille inscriptions, dont trente mille au moins étaient alors inédites, c'est à grand peine si, au moment de mourir, il trouvait l'ouvrage digne de voir le jour. Noble exemple de patience persévérante, de respect de soi-même et du public, utile en tous les temps, mais aujourd'hui surtout, que les longs travaux sont passés de mode, et que quelques-uns prétendent appliquer à la science les procédés expéditifs de l'industrie. Malheureusement pour eux la science y résiste; et, bien qu'on ait trouvé le moyen d'abréger le temps en tout le reste, elle demande toujours de longs efforts et de pénibles études. On n'y avance qu'à petits pas, et c'est le seul chemin où, malgré les découvertes modernes, on ne puisse pas marcher plus vîte!

Ces travaux, continués avec tant d'ardeur et de persévérance, n'étaient pas cependant l'unique soin qui occupât Séguier. Sa maison, dont il avait fait un musée, et au fronton de laquelle il avait écrit cette belle devise:

Vivitur ingenio, cetera mortis erunt,

sa maison était tous les jours visitée par des voyageurs de tout rang, auxquels il s'empressait d'en faire les honneurs. On ne venait pas à Nimes sans s'arrêter chez Séguier ; et, parmi ceux qui le vinrent voir, je trouve les plus illustres personnages de ce temps : des princes, des évêques, des ambassadeurs ; les femmes les plus élégantes de la cour et les savants les plus renommés. En parcourant les allées de ce jardin peuplé de tombes antiques, les érudits, pour peu qu'ils eussent d'imagination, croyaient voir, comme parle Millin, errer les mânes de quelque Romain illustre. Quant aux gens du monde, ils sortaient de chez Séguier charmés autant que surpris d'avoir trouvé tant de modestie dans un savant, et si peu de charlatanisme chez un faiseur de collections. D'ordinaire, il suffisait qu'il eût été un moment leur hôte pour qu'il demeurât toujours leur ami. Mais, parmi tous ces visiteurs, aucun ne ressentit pour lui un attrait plus vif que le vertueux Malesherbes ; malgré la différence des positions, il y avait plus d'un secret rapport entre ces deux nobles natures, et il semble qu'elles se soient devinées du premier coup. De retour à Paris, Malesherbes écrivit à Séguier pour le remercier de son accueil et lui proposa d'être son correspondant scientifique à la place de Jussieu, qui vieillissait. Plus tard, en lui adressant sa fille, l'aimable et malheureuse Mme de Rosambo, qui devait l'accompagner sur l'échafaud révolutionnaire, il ajoutait ces obligeantes paroles : « J'ai une

« fille, Monsieur, qui sera plus heureuse que moi, « car elle espère avoir l'honneur de vous voir. » Il fit plus : et lorsqu'une place devint vacante à l'Académie des Belles-Lettres, il s'empressa de la demander pour son ami. Cette proposition fut accueillie par d'unanimes applaudissements, et, dans le monde, on trouva, au témoignage de Rochefort : « qu'en fé- » licitant Séguier, il fallait encore plus féliciter l'Aca- » démie de la bonne acquisition qu'elle avait faite. »

Cependant Séguier, qui avait jusque-là porté légèrement les années, commençait à s'apercevoir que la vieillesse était venue. Des souffrances aiguës le retenaient loin de son cabinet ; il était souvent forcé de suspendre ses travaux et de fermer ses livres. Quelque douleur qu'il en éprouvât, il s'y résignait avec courage. « Que voulez-vous? écrivait-il à ceux » qui le consolaient ; ce sont les infirmités de mon » âge ; je ne dois pas m'en plaindre, mais les souffrir » chrétiennement. » — Séguier, en bien des choses, n'était pas de son temps. Par la gravité de sa vie, par son amour des patientes recherches, il appartenait plutôt au XVIIme siècle : il en était encore par la fermeté de ses convictions. Bien qu'il eût fréquenté Voltaire et familièrement connu toute l'école encyclopédique, il demeura fidèle aux croyances de sa jeunesse et de sa famille. Il était chrétien ; ce qui était alors plus rare, il osait le dire ; et tel était le respect qu'il inspirait, qu'on n'osait pas l'en railler. Quelquefois même il essaya d'attirer les autres à ses sentiments et de leur faire partager l'ardeur de sa foi. Dans une lettre qu'il écrit à La Condamine, à propos d'un ami commun, qui, au grand scandale de ses anciens alliés, avait déserté le camp philosophique pour se faire prêtre, je lis ces paroles : « Faites-lui connaître que vous » approuvez sa résolution ; il en aura une joie infinie, » et votre approbation mettra le comble à ses désirs. » Dites-lui, avec Pascal, que *tous nos plaisirs ne sont* » *que vanité et qu'il est bon de passer la vie à ré-* » *fléchir à ce qui nous doit arriver après la mort ;* » *que puisqu'il y a un Dieu, il ne faut aimer que* » *lui*. Dites-lui, avec Malebranche, que *nos sens ne* » *nous offrent que de faux biens*, et que *Dieu seul* » *fait notre bien véritable*. Dites-lui, avec Maupertuis, » *que tous les divertissements des hommes prouvent* » *le malheur de leur condition ; que le christia-* » *nisme propose les seuls moyens pour être heureux.* » Mais surtout faites-lui connaître que vos sentiments » sont conformes à ceux de ces grands hommes, et » que vous faites gloire de penser comme eux. Voilà » de quoi le consoler, de quoi l'animer de plus en » plus. Vous voyez que je suis rempli de son esprit, » que j'aime à penser et à parler comme lui. Heureux, » si je pouvais faire des prosélytes ! » Certes, le bon Séguier s'adressait mal ; en ce siècle de scepticisme, il n'y avait pas de sceptique plus déterminé que La Condamine, et quelqu'affection qu'il éprouvât pour Séguier, il n'était pas probable qu'il se laissât toucher à ses paroles. Mais si sa lettre demeura sans effet, au moins nous montre-t-elle quelle était la fermeté de ses croyances. Elles l'aidèrent à supporter avec résignation les maux de la vieillesse, et à envisager la mort résolument. Lorsqu'il sentit qu'elle approchait, il voulut donner à sa patrie une dernière marque d'affection. Sa bibliothèque et ses collections avaient tenté plus d'une fois les étrangers, et l'on savait qu'on les convoitait fort en Russie. Pour les conserver à la France, le roi résolut de les acheter, et M. de Joubert, trésorier des états du Languedoc, fut chargé d'en offrir un prix considérable. Mais Séguier ne les voulait pas vendre. Dès qu'il eut reçu les lettres de M. de Joubert, et avant même de les ouvrir, il fit assembler l'Académie de Nimes, et remit en ses mains ses livres, ses médailles, ses manuscrits, son herbier et toutes les richesses qu'il avait si péniblement réunies. Cette libéralité en amena une autre. Le sage et tolérant évêque de Nimes, Mgr de Becdelièvre, voulut donner à ces collections un asile assuré et paya de ses deniers la maison qui les contenait. Séguier, luttant de générosité, n'accepta le prix de sa maison que pour en enrichir les pauvres. Douze mille livres furent distribuées par lui à l'œuvre de la Miséricorde, et mille écus à l'Hôtel-Dieu.

Cette dernière action, qui couronnait si dignement sa belle carrière, mit le comble à sa popularité dans Nimes; le respect et l'estime publics honorèrent ses derniers jours, et l'Académie fut l'interprète de la cité entière, quand, après la mort de Mgr de Becdelièvre, elle résolut d'accorder à la reconnaissance et au mérite un titre qu'elle donnait jusque-là à la position, et nomma Séguier son protecteur. Il ne jouit pas longtemps d'un honneur auquel il avait tant de droits et que pourtant il avait voulu refuser, et mourut le 1er septembre 1784, âgé de quatre-vingt-un ans. « Le » jour de sa mort, dit Dacier en prononçant son » éloge devant l'Académie des Belles-Lettres, fut un » jour de deuil pour toute la ville de Nimes. Les » pauvres regrettaient en lui leur père; les gens de » bien, leur exemple; ses confrères, leur guide et » leur modèle : tous, l'homme aussi bon, aussi ver- » tueux que savant, qui honorait les lettres, sa pa- » trie et l'humanité. »

Telle fut la vie de Séguier. Ce récit, tout incomplet qu'il est, suffit, je crois, à la faire connaître : et je l'ai louée comme elle le mérite, en la racontant. — Ses contemporains prétendaient qu'on ne le pouvait aborder sans éprouver pour lui de l'affection et du respect. Moi aussi, Messieurs, après plus d'un demi-siècle, quand j'ai voulu parcourir ses notes, ses manuscrits, les lettres qu'il écrivait et celles qu'il avait reçues, je n'ai pu me défendre de la même impression. En présence de cet homme de bien, qui s'était fait d'être utile aux autres une habitude et un besoin; qui, dans son amour pour la science, s'oubliait lui-même, ne songeant qu'aux services qu'il lui pouvait rendre et jamais à la gloire qu'il en devait tirer, j'ai compris, j'ai éprouvé cette émotion que ressentaient devant lui tous ceux qui l'ont pu connaître. Heureux, si je puis vous la faire partager, et entretenir dans cette ville, qu'il a tant aimée, le respect de son nom et le souvenir de ses bienfaits !

Mais c'est à vous, jeunes gens, pour qui Séguier, élevé dans ce collége, nourri des études qui vous occupent, est en quelque sorte une gloire de famille, c'est à vous surtout que son souvenir doit être cher et profitable. Personne ne gagnera plus que vous à le fréquenter un moment et à écouter ses leçons. A votre âge, rien n'est utile comme de vivre quelquefois en la compagnie de ces gens d'honneur et de travail. On y entretient, on y fortifie les bons instincts de l'ame, et cette générosité naturelle, qu'en vous la vie n'a point encore désabusée ni flétrie. Vous allez tomber, au sortir d'ici, dans un monde qui ne songe guère qu'aux intérêts matériels et que le soin de la fortune occupe et enivre tout entier ; il vous dira sans doute que le temps est précieux, et qu'il le faut garder pour des occupations qui rapportent, qu'on doit mesurer l'importance des choses au profit qu'elles donnent, et la valeur des personnes à l'argent qu'elles ont gagné ; qu'ainsi donc c'est la plus étrange des folies que d'user sa vie dans les travaux de l'esprit, de se sacrifier à la science, et de perdre son temps pour autre chose que pour soi. Ce n'est pas ce que pensait celui dont je viens de vous entretenir ; il a toujours regardé la culture de son esprit comme sa principale affaire, il n'a rien mis au-dessus du plaisir d'étendre et d'éclairer son intelligence, il a vécu heureux et respecté entre son herbier et ses livres, bien convaincu que l'homme ici-bas a d'autres intérêts que ceux de sa fortune et une autre mission que de s'enrichir. Gardez, jeunes gens, la leçon que vous donne cette noble vie ; et si vous y puisez plus de zèle pour l'étude, plus de goût pour les plaisirs de l'esprit, ce sera le plus bel hommage, l'éloge le plus précieux pour la mémoire de Séguier. Comme il n'a jamais connu, pendant sa vie, de plus grand bonheur que d'être utile, il n'est pas, croyez-le, de gloire qu'il eût plus souhaitée que de pouvoir, après sa mort, faire encore quelque bien.

NOTES.

Les limites étroites où j'étais enfermé par la destination de ce travail m'ont empêché de développer certains points de la vie de Séguier autant qu'il convenait, et surtout de profiter de sa correspondance comme je l'aurais voulu faire. Je me suis donc décidé, contre tous les usages, à ajouter quelques notes à ce discours. Dans ces notes, je m'effacerai autant qu'il sera possible pour céder la parole aux illustres correspondants de Séguier; elles se composeront surtout de fragments de lettres inédites des savants les plus connus du dernier siècle, avec lesquels notre antiquaire était en commerce suivi.

Les papiers de Séguier, qui sont aujourd'hui à la bibliothèque de Nimes, se composent de divers opuscules lus ou envoyés à des académies dont il était membre, de notes considérables et de copies d'inscriptions qui servirent à son grand *Index*, et surtout de seize volumes de correspondance qui renferment toutes les lettres qu'il recevait et quelques-unes de celles qu'il a écrites. Il y avait joint deux volumes de la correspondance italienne de Peiresc, et trois volumes fort intéressants de lettres de différents érudits au président de Mazaugues. — Toutes les pièces contenues dans ces divers recueils sont encore aujourd'hui inédites. L'Académie de Nimes, à laquelle il les avait léguées, avait résolu de les publier; les troubles politiques de la fin du dernier siècle entravèrent ce projet. Plus tard, quand l'Académie se reforma, elle tint à honneur de continuer les travaux de sa devancière; les papiers de Séguier occupèrent encore son attention, et son secrétaire perpétuel, M. Trélis, fut chargé d'en faire un extrait, qui serait publié. J'ignore pourquoi ce projet ne fut pas exécuté.

Ces deux tentatives, bien qu'elles n'aient pas réussi, prouvent au moins l'importance qu'on attachait à la correspondance de Séguier. On y trouve, en effet, des lettres des plus grands savants de cette époque, et je ne crois pas qu'on pût faire l'histoire de l'érudition au XVIIIe siècle sans la consulter. J'espère que cette assertion sera justifiée par les citations que j'en vais faire.

Page 5 : *Séguier était né à Nimes, etc.*

Sa famille était riche, honorablement connue à Nimes, et se prétendait alliée à celle qui a donné tant d'illustres magistrats à la France. En effet, les Séguier étaient tous originaires du Languedoc, et de là s'étaient répandus dans diverses provinces. Il en restait à Narbonne une branche, qui prétendait être la branche aînée. Quand notre Séguier devint célèbre, ceux de Narbonne s'empressèrent de lui écrire et lui envoyèrent la généalogie de leur famille. Dans cette généalogie, abusant d'une ancienne inscription qu'ils rapportaient inexactement, ils voulaient remonter jusqu'aux Romains. Certes, cette origine antique devait flatter un antiquaire ; cependant Séguier n'hésita pas à sacrifier sa vanité de gentilhomme à sa conscience d'érudit. Voici comment il répondit aux Séguiers de Narbonne :

« J'ai vu, Monsieur, que, pour relever l'origine de notre » famille, vous rappelez une ancienne inscription romaine » d'un certain *Segarius*, que vous citez d'après Catel (*Hist.* » *du Languedoc*, page 104) ; mais permettez-moi de vous » faire observer que cet auteur n'y a pas parlé de *Segarius*, » mais seulement de *Sega*, comme je l'ai vérifié dans la » pierre originale qui est au bastion de Saint-Cosme des » murs de Narbonne, où je l'ai vue en 1732, lorsque je » copiai toutes les inscriptions de cette ville.... Il y est

» question d'un certain Titus Pompeius Celadus, à qui sa » mère, Pompeia Sega, affranchie d'une autre femme nommée » Lepida, avait élevé un tombeau Avouez qu'il ne serait » pas glorieux pour vous ni pour votre origine de la rap» porter à une affranchie. »

Page 8 : *Ses travaux le mirent en relation avec le savant et irascible baron Bimard de La Bastie, etc.*

La correspondance de La Bastie avec Séguier est certainement une des plus importantes du recueil. J'en citerai quelques fragments, qui feront bien connaître ce curieux personnage.

Au moment où commencèrent ses relations avec Séguier, La Bastie, qui passa sa vie à plaider, avait été conduit par un procès devant le parlement de Bourgogne. Il s'y était lié avec le président Bouhier, qu'il appelle *un des plus savants hommes de l'Europe et le plus communicatif.* « C'est un oracle, » dit-il à Séguier, que vous pouvez consulter sur toutes les » difficultés qui se présenteront, et vous pouvez être assuré » qu'une chose sera inexplicable quand il n'en trouvera pas » le sens. » A Dijon, quoiqu'il y fût venu pour un procès, La Bastie semble s'être plus occupé d'antiquités que d'affaires. Il travaillait à rectifier les fastes consulaires ; cherchait, par les pierres milliaires, à établir la topographie des lieux, et faisait courageusement des *index* de Gruter, de Reinesius et de Fabretti ; « car, disait-il avec gaîté, comme je suis le » plus jeune et le moins habile, il est juste que je monte » les gardes de fatigue. »

Depuis ce moment jusqu'à sa mort, son amitié pour Séguier ne s'est jamais démentie, et rien n'interrompit leurs relations. Dans cette longue suite de lettres qu'ils s'écrivirent on apprend à connaître parfaitement La Bastie. C'était un homme vif et emporté, qui disait, sans ménagement, son opinion sur les hommes et les choses. C'est ce qu'il appelait *parler avec cette liberté française qu'il avait apportée en naissant, et qu'il ne voulait quitter qu'au tombeau.* Cette liberté donne souvent à ses lettres un tour vif et piquant, qui les fait lire avec intérêt, malgré l'aridité ordinaire des sujets qu'il y discute.

On y voit notamment que les savants de Paris lui déplaisaient fort, tant qu'il n'alla pas y demeurer, et qu'il attaquait souvent l'Académie des Belles-Lettres avant qu'il n'y fût entré. Voici ce qu'il en dit dans une lettre du 22 juillet 1729 :

« Ne soyez point étonné de voir faire des fautes et en » grand nombre à ces Messieurs de l'Académie ; si vous con- » naissiez, comme moi, la portée et la capacité de la plupart, » vous verriez qu'ils sont très-capables d'en faire autant » que qui que ce soit. Cependant, telle est l'idée de la plus » grande partie de nos provinciaux, qu'ils croient que, hors » de Paris, on ne saurait rien connaître dans les antiquités. » Viennent-ils à découvrir quelque ancien monument, » n'ayez pas peur qu'ils en fassent part, comme cela serait » naturel, aux gens de leur province qui se sont attachés » à l'étude des antiquités. Ils espèrent ramasser les rayons » du soleil en les envoyant à l'Académie des Inscriptions ou » aux journalistes. Un conseiller en notre parlement trouva, » dans une de ses terres, plusieurs inscriptions, dont quel- » ques-unes étaient assez considérables ; il n'eut repos ni » trêve qu'il ne les eut envoyées aux jésuites qui font les » mémoires de Trévoux, et elles y ont été insérées dans le » mois de décembre 1719, et mois suivants, jusqu'en mai » 1720, avec un assez ample commentaire du P. Souciet. De » sorte que, pour désabuser un peu nos provinciaux, je me » suis fait un plaisir, malin si vous voulez, d'attaquer, à la » fin de la deuxième partie de mes *Essais d'antiquités allo-* » *brogiques*, les notes du P. Souciet, et j'ai démontré que, sur » les deux premières inscriptions, qui sont les plus considé- » rables, il s'était trompé partout. Lois, auteurs anciens et

» modernes, inscriptions, tout est mis en œuvre contre lui, » et je ne crois pas qu'il ait jamais envie de répliquer. J'ai » presque fait la même chose à l'égard de l'Académie, et j'ai » choisi une inscription sur laquelle elle avait dit son senti- » ment en corps, pour prouver qu'elle n'y avait rien entendu.»

Il maltraite encore bien plus l'Académie, dans une lettre du 9 octobre 1736 :

« Vous aurez sans doute appris que M. de Caumont, et » M. Bon, premier président de la cour des aides de Mont- » pellier, ont été faits académiciens. Je ne connais point le » dernier, mais, pour notre ami M. de Caumont, cette dis- » tinction littéraire l'a comblé de joie. Si elle m'arrivait, » elle ne m'en ferait plus, puisque je vois que, pour l'ob- » tenir, il ne faut que savoir lire et écrire, comme pour » passer notaire. Il me paraît que cette Académie, si l'on » en ôte les sujets étrangers, est d'une faiblesse à faire » honte à la nation. Sur ce que M. Maffei m'avait marqué, » qu'il avait proposé plus d'une fois de faire une galerie » d'antiquités dans un endroit du Louvre, où l'on placerait » les inscriptions dispersées dans Paris et les environs, j'écri- » vis à un membre de cette Académie, pourquoi on n'avait pas » goûté ce projet. Il m'a été répondu que M. Maffei n'avait » pas suffisamment prouvé l'utilité de l'étude de ces anciens » monuments. Je vous avoue qu'une pareille réponse me » déconcerta, et que jamais je n'aurais pu croire qu'une » Académie qui porte le nom d'Académie des Inscriptions » pût demander des preuves que les anciennes inscriptions » sont d'une utilité presque indispensable pour l'histoire, » la chronologie, la géographie, la religion, les mœurs, » le gouvernement des anciens. »

Quand les gens lui avaient déplu, il ne les épargnait guère. —Voici comment il exerce sa *liberté française*, à l'endroit de ce pauvre abbé Sallier, bibliothécaire du roi, qui avait eu l'imprudence de l'attaquer.

« Il n'y a point d'homme de lettres à qui je veuille avoir » moins d'obligation qu'à l'abbé Sallier. C'est le personnage » le plus impudent, le plus présomptueux et qui aime le » plus à déchirer la réputation de son prochain, qu'il soit » possible de trouver dans tout Paris. Il se regarde comme » le plus grand homme de son siècle, quoique tout son savoir » consiste à avoir lu Platon, Homère et les tragiques grecs. » Tout le reste des gens de lettres paraît à ses yeux comme » des atômes. Il n'est sorte de mauvais discours que je ne lui » aie entendu tenir du marquis Maffei, il lui refuse égale» ment le savoir et le goût. Pour moi, je sais qu'il ne m'a pas » épargné, mais, si je ne fais semblant de rien à présent, » je lui réserve des marques publiques de ma reconnais» sance, et je lui ferai voir que, pour être chargé de la plus » grande bibliothèque de l'Europe, on peut n'en être pas » plus savant pour cela, quoiqu'on en soit plus fat. — » (16 février 1739.) »

Il fut même sur le point, la même année, de se prendre de querelle avec Maffei, qui avait été son ami jusque-là. Maffei avait songé à publier un nouveau recueil d'inscriptions, et il travaillait à les mettre en ordre, lorsqu'il fut devancé par son compatriote Muratori. La Bastie avait consenti à aider Muratori, et il avait composé pour lui un assez grand nombre de dissertations, qui furent placées en tête du *Thesaurus inscriptionum*. Comme Maffei était fort mécontent d'avoir été prévenu dans son dessein et qu'il parlait en termes assez vifs de l'ouvrage de son rival, La Bastie craignit d'être attaqué lui-même pour le secours qu'il avait fourni à Muratori, et se prépara à une défense vigoureuse.

« J'ai vu avec peine, écrivait-il à Séguier, le 17 juin » 1739, que M. Maffei semblait jeter le gantelet et se prépa» rer au combat contre quiconque. Dans la fermentation » où je les vois, lui et les gens qui ont attaqué ses senti» ments, je crains, qu'à l'occasion des dissertations que

» j'ai envoyées à M. Muratori, quelque coup d'estramaçon n'arrive jusqu'à moi ; et, pour prévenir quelque scène qui ne pourrait être gracieuse ni pour l'un ni pour l'autre, je lui ai écrit une lettre que je ne doute pas qu'il vous communique. Il est fort ordinaire que deux personnes qui font à peu près les mêmes études se rencontrent quelquefois à toucher les mêmes points et soient de sentiments différents. Quand cela m'est arrivé à l'égard de M. Maffei, je n'ai pas cru qu'il dût être fâché que je le combattisse, en observant de ne rien dire qui pût le choquer ; et de même, quand il me trouvera sur son chemin, s'il réfute ce que j'ai avancé, je ne lui en saurai pas mauvais gré et demeurerai son ami. Mais, si je le voyais partir de barre pour venir faire une critique expresse de ce que j'ai écrit, je vous avoue que, comme *injurias nec inferre nec pati didici*, je pourrais lui faire une réponse dont peut-être il ne serait pas content ; et, qu'usant de représailles, je trouverais aussi bien que personne les endroits faibles de ses ouvrages. Ainsi, je crois que, comme ami commun, vous empêcherez qu'il n'arrive rien qui puisse nous mettre aux mains. »

Mais, par un étrange revirement, ce n'est point contre Maffei que La Bastie eut à combattre, mais contre son allié même et son collaborateur Muratori. Celui-ci avait négligé de revoir avec soin les épreuves de son *Thesaurus* ; et, quand il parut, La Bastie s'aperçut qu'on avait laissé dans ses dissertations des fautes grossières qui les déparaient. Sa colère fut violente. « Ceux qui n'ont jamais rien écrit, dit Fréret, n'imaginent pas jusqu'où peut aller la sensibilité d'un auteur en ces occasions : il faut être père pour excuser les faiblesses paternelles. » On voit, dans sa lettre du 24 novembre 1739, qu'il qualifiait assez durement Muratori, malgré sa réputation :

« Le bon Muratori, né laborieux, mais sans esprit et sans

» génie, comme tous les compilateurs, ses confrères, a
» comme eux la rage de vouloir écrire sur tout. Sa collec-
» tion des historiens d'Italie, ouvrage utile, long et pénible,
» lui a fait honneur. Il a voulu se jeter dans les matières
» qu'il n'entend pas, par démangeaison d'être un homme
» universel. Sa collection d'inscriptions est un misérable re-
» cueil de paperasses, et à peine, dans tout le premier
» volume, y a-t-il cent inscriptions copiées d'après les origi-
» naux ; il y en a un tiers de fausses, un tiers de douteuses,
» et la moitié du restant a été mal copié. Ses notes sont mi-
» sérables ; il balbutie à peine sur les antiquités romaines ;
» et pour les grecques, elles lui sont totalement inconnues.»

Mais sa colère était plus vive encore contre Argelati, l'éditeur de l'ouvrage où il avait été si tristement défiguré.

« A la tête du deuxième tome du *Thesaurus* de Muratori, il
» doit y avoir un avertissement contre moi, et ce faquin
» d'Argelati prétend que les fautes se trouvent dans ma mi-
» nute, et qu'en bien des endroits mes corrections seraient des
» fautes. Vous saurez cependant qu'on n'a point imprimé sur
» l'original écrit de ma main, mais sur une copie que
» M. Muratori avait fait faire par un scribe italien, comme il
» me l'a écrit lui-même dans une lettre que je conserve pré-
» cieusement. Outre cela, Argelati avait envoyé ici une lettre
» pour la faire mettre dans le *Journal des Savants*, où il par-
» lait de moi à peu près comme si nous avions changé d'état
» et de place. Vous jugez bien qu'on ne voulut pas s'en
» servir, et elle me fut renvoyée pour en faire ce que je
» voudrais. L'éloignement nourrit l'insolence de ce libraire ;
» car, si nous étions à portée, ses épaules pourraient lui dé-
» manger. Dieu le préserve que les troupes françaises rentrent
» en Italie ; je lui enverrais une volée de coups de bâton par
» lettre de change qui serait payée à vue. C'est toute la ré-
» ponse qu'il peut jamais attendre de moi. Si, par hasard,
» M. Muratori s'en mêlait, je m'y prendrais autrement, et

» il courrait risque de voir flétrir une partie de ses lauriers » littéraires, par les bévues et les ignorances grossières que je » lui remettrais devant les yeux. Après cela, M. Maffei ne » devra plus être étonné qu'un comédien joue en France le » rôle d'homme de lettres : un libraire d'Italie, qui a moins » d'esprit, moins de connaissances, moins de probité que » Riccoboni, joue bien le savant aux yeux de toute l'Europe ; » et, qui pis est, escamote du roi et de l'empereur des pen- » sions qui n'étaient autrefois destinées qu'aux savants du » premier rang. — (20 mai 1740.) »

Quelque temps avant sa mort, La Bastie avait fini par se brouiller même avec son excellent ami le président Bouhier, dont il avait attaqué quelques opinions dans ses dissertations sur le souverain pontificat des empereurs romains. Bouhier ne put souffrir d'être contredit, et l'on voit, par une lettre qu'il écrit à Séguier, que, même après la mort du baron, il ne le ménageait pas.

« Je serais bien aise de savoir votre sentiment et celui du » savant marquis sur notre petite querelle, qui était une » vraie querelle d'allemand, avec le baron, dont les fan- » faronnades ne vous ont pas sans doute échappé.....

» Il avait, en effet, une sorte d'érudition, mais beaucoup » moins qu'il ne le croyait. Il s'imaginait qu'avec son ton » décisif il pouvait en imposer, et par son orgueil, il était » devenu depuis quelque temps insupportable à ses con- » frères mêmes. A mon égard, il est difficile de pousser » l'ingratitude plus loin qu'il a fait. Mais sa mort m'a fait » tout oublier. — (11 août 1744.) »

Elle ne lui fit pas oublier pourtant de répondre à son ancien ami, qui ne pouvait plus se défendre, avec une aigreur que les gens de lettres n'approuvèrent pas. Voici comment s'exprime à cet égard Gros de Boze, secrétaire perpétuel de l'Académie des Inscriptions, dans une lettre écrite au président de Mazaugues :

« Je reçus, Monsieur, avec la lettre que vous me fîtes » l'honneur de m'écrire, le 10 de ce mois, la dissertation » de M. le président Bouhier; et, comme vous m'aviez pré- » venu sur ce que j'y trouverais de dur et de grossier contre » le pauvre baron, je pris mon parti : je fis mon remerci- » ment avant que d'avoir lu l'ouvrage, et je m'en suis bien » applaudi après. Pourquoi faut-il qu'un homme du mérite » et de l'érudition de M. le président Bouhier ramène dans » notre littérature française ces manières barbares, qui n'é- » taient plus connues, contre lesquelles on s'est élevé tant » de fois, et dont nous rougissions en les trouvant encore » dans quelques professeurs hollandais! D'ailleurs, le baron » n'a jamais nommé le président, et je suis témoin qu'il » n'en parlait dans le monde qu'avec beaucoup d'égards » ou de circonspection. Ne saurait-on penser différemment » sur une question qui, depuis longtemps, partage les gens » de lettres, sans devenir ennemis? — Martial ne le croyait » pas quand il a dit :

» *Diversum sentire duos de rebus iisdem*
» *Illæsa licuit semper amicitia.*

» — (25 octobre 1742.) »

La Bastie mourut à 39 ans, après une cruelle maladie, et sa mort fut généralement regardée comme un grand malheur pour l'érudition française. Aussi le même de Boze, quand il l'apprit, écrivit-il tristement au président de Mazaugues :

« Je n'ai jamais douté que vous ne partageassiez bien » avec nous la douleur que nous avons ressentie de la mort » de notre pauvre baron. Il avait certainement de l'humeur » et des défauts; mais ce n'était que des défauts assez or- » dinaires, et il les couvrait ou les réparait par une éru- » dition peu commune, érudition d'autant plus estimable » qu'on ne savait comment il l'avait acquise, et qu'on ne

» voyait qu'avec étonnement jusqu'où il était capable de la » porter, si la force du corps avait répondu au courage de » l'esprit. — (30 septembre 1742.) »

Page 9 : *Il s'était tourné vers l'érudition, etc.*

L'amour de Maffei pour l'érudition lui vint de la découverte de quelques manuscrits importants. En les étudiant de près, il conçut l'idée d'écrire son *Istoria diplomatica*, ouvrage systématique, mais rempli de recherches originales, à la fin duquel il avait placé une importante dissertation sur les anciens peuples de l'Italie. A ce propos, Fréret lui écrivit une lettre fort longue, que j'ai retrouvée parmi les papiers de Séguier, et dont je vais publier la plus grande partie et les fragments les plus importants :

« Paris, le 20 août 1728.

» Monsieur,

» Quoique je n'aie pas l'honneur de vous être connu, j'ai » cru que je ne risquais rien de m'adresser directement à » vous, pour vous rendre compte de l'impression que j'ai » reçue de votre dernier ouvrage, Je l'ai lu avec autant » de profit que de plaisir.

» Il s'en faut bien que les excellents livres publiés sur » cette matière l'aient épuisée. La plus grande partie de » l'ouvrage reste à faire. Et comme ils n'ont été jamais com- » posés que dans des vues particulières, ainsi que vous le » remarquez très-bien, vous, Monsieur, qui vous proposez » un objet plus étendu, vous irez sans doute plus loin qu'eux : » ils ont découvert le pays, mais il reste encore à le *défricher* » et à le décrire : c'est ce que j'attends de vous avec le public.

» La dissertation sur les premiers habitants de l'Italie m'a » paru une très-bonne chose ; j'ai souvent médité cette ques- » tion de l'origine des peuples et des anciennes colonies, » et j'ai ramassé pour mon instruction particulière de quoi

» faire quelque jour un espèce de système. Vous avez raison » de regarder les antiquités étrusques comme le meilleur » moyen d'éclaircir celle des peuples de l'Italie. Il est sûr » que cette nation a été très-considérable par son com- » merce, ses richesses, sa bravoure, sa politesse et sa théo- » logie, dans un temps où le reste de l'Italie était plongé » dans la barbarie. Les Pélasges ou les premiers Grecs qui » passèrent dans ce pays n'étaient que des nomades et des » pâtres errants et sauvages. Les colonies grecques policées » et savantes, qui s'établirent sur les côtes méridionales » et orientales, passèrent assez tard dans ce pays, et » ne communiquèrent presque rien de leur politesse et de » leurs sciences aux Latins et aux autres nations italiennes.

» Les anciens Pélasges, tant ceux d'OEnotrus, venus de » l'Epire par terre, le long du golfe Adriatique, que ceux » amenés d'Arcadie par Evandre, étaient très-grossiers. Ces » derniers portèrent en Italie l'usage des lettres ioniques » ou cadméennes. Les premiers, dont le départ de Grèce est » antérieur à l'arrivée de Cadmus, portèrent peut-être en » Italie l'écriture pélasgique, différente de celle de Cadmus, » et que je soupçonne être celle de la colonie d'Inachus, » composée d'un mélange d'Egyptiens, d'Arabes et de Phi- » listins, comme étaient les pasteurs qui envahirent l'Egypte. » L'inspection attentive des inscriptions étruriennes pourra » nous conduire à la connaissance des lettres toscanes, qui » sont peut-être un mélange de l'écriture pélasgique et de » l'ancienne écriture ionienne. Je soupçonne qu'elles sont » au fond les mêmes que celles des *médailles espagnoles* » *inconnues* du C. de Lastanosa, qui ressemblent assez aux » lettres samaritaines et à celles de plusieurs médailles sici- » liennes. Elles sont très-différentes de celles des médailles » phéniciennes de Cadix, de Carthage, de Tyr, de Sidon, » etc.; ces dernières tiennent plus des lettres hébraïques » ordinaires et du chaldéen ancien. La partie de l'Italie située » depuis le Tibre jusqu'à l'extrémité orientale était habitée

» originairement par les Sicules, lesquels furent assujétis » et chassés par les Pélasges, Sabins et Latins. Ils furent » contraints de passer en Sicile, à laquelle ils donnèrent » leur nom; et, au temps de Thucydide, ils y parlaient » encore la langue ibérique ou espagnole. Au temps de » Sénèque, les peuples de Corse et de Sardaigne conser- » vaient encore quelques traces de la langue des Vascons » ou des Basques d'aujourd'hui. Ces peuples avaient passé » dans les îles du continent le plus voisin, ou de l'Italie. » Sur ce fondement, j'avais soupçonné que la langue basque, » laquelle est l'ancienne langue ibérique, pouvait avoir con- » servé plusieurs mots de celle des Sicules, et, en consé- » quence, j'avais imaginé que le nom d'*Ethruria*, donné » par les Romains au pays des Toscans, pouvait venir de » la même langue, parce que les Sicules avaient occupé le » territoire de Rome, et qu'il y en était demeuré plusieurs. » *Ether-Erria*, dans cette langue, veut dire *advenarum regio*; » or, les Toscans étaient une nation venue d'ailleurs en Italie. » Les Pélasges leur donnèrent le nom de *Tyrrheni* ou Τυρσηνοι, » à cause de leurs châteaux et de leurs forts, construits » contre les naturels du pays. Les Gaulois, habitants des Al- » pes, leur donnèrent le nom *Ligyes* par la même raison, » et ce nom se communiqua même aux nations voisines des » Massiliens, entre le Rhône et les Alpes. Les Romains chan- » gèrent *Ligus* en *Ligur*, selon le génie de leur langue, qui » change la lettre *s* en *r* : *arbos*, *arbor*. Dans les langues » celtiques, *lug* ou *lig*, signifie une tour, un fort; de là le » nom si commun de *Lugdunum*, pour les forteresses élevées; » de là celui de *Lutetia*, corrompu de Λευκολιτια, *turris palu-* » *dosa* : Paris est bâti dans une île de la Seine. Ces mêmes » Sicules avaient donné au pays voisin du Vésuve le nom » d'*Ausonia*, du basque *Auzt-on*, *Cineris regio*, à cause des » cendres dont cette montagne embrasée couvre ses environs. » Mais en voilà assez sur cet article.....

» J'avoue sans peine, avec vous, que les Toscans étaient

» une nation différente de toutes celles qui étaient dans » le reste de l'Italie; mais je ne sais quelle était leur origine. » Vous les croyez une colonie orientale descendue des pre» miers habitants du pays de Chanaan, chassés par les » descendants d'Esaü ou par les Eduméens. Sur ce pied là, ils » n'avaient passé en Italie que pendant la captivité d'Egypte. » Bochard a montré que tous les mots de l'ancien toscan, » dont nous avons la signification, n'ont aucun rapport avec » les langues orientales, et vous savez quelle doit être l'auto» rité de ce savant homme; lorsqu'il refuse de mettre ses » chers Phéniciens dans un lieu, il faut qu'il y ait trouvé » de grandes difficultés.

» Oserais-je vous dire, monsieur, que je ne suis point du » tout touché des preuves sur lesquelles vous appuyez » votre opinion de l'origine chananéenne des Toscans? Je ne » trouve nulle ressemblance dans ce qui est essentiel à la re» ligion des Chananéens. Les augures et les divinations par » le vol et par le chant des oiseaux, ou par l'inspection des » entrailles des victimes, sont des pratiques communes à » toutes les nations. On ne trouve point en Toscane les sacri» fices humains; on n'y voit nulle trace de la fable d'Adonis, » ni du culte de Vénus. Vous savez combien ce culte était » moderne à Rome. Varron croyait que son nom (*Venus a* » *veniendo*) en prouvait la nouveauté. Les Romains, à l'imi» tation des Etruriens, se tournaient vers l'occident, pour » prendre leurs auspices; de là l'expression de Lucain: » *umbras mirati non ire sinistras*. Les Phéniciens au con» traire se tournaient vers l'orient. Cette différence me semble » essentielle et détruire toute la force des autres conformités.

» Pardonnez-moi, monsieur, si j'ose combattre vos idées; » je vous parle avec la franchise et la sincérité qui doit » régner parmi les gens de lettres, dont la politesse ne doi» pas consister dans une lâche dissimulation. Je pense, pour » moi, que si les Toscans ne sont pas un reste des anciens » Aborigènes de l'Italie, qui s'est policé de lui-même, s'est

» donné des lois et s'est fait une religion particulière plu» sieurs siècles avant l'arrivée des colonies Pélasgiennes, » Arcadiennes, Gauloises, Illyriennes, etc. (ce qui ne » serait pas plus difficile à comprendre pour les Toscans que » pour les Egyptiens et les Chinois), je pense, dis-je, que » si l'on ne prend pas ce parti là, il en faudra faire une » colonie égyptienne, composée d'une partie des Egyptiens » naturels, qui abandonnèrent l'Egypte, vers l'an 2080 » avant l'ère chrétienne, lors de l'invasion de l'Egypte par » les pasteurs, sous la conduite de Salatis. La connaissance » que les Toscans avaient des arts, de la sculpture, de l'ar» chitecture et de la peinture, leur écriture, leurs magnifi» ques bâtiments, leur luxe, leurs habits de cérémonie, » etc., leur attachement aux pratiques religieuses, tout cela » me montre qu'ils viennent d'une nation savante et policée » dès les premiers temps, et semble désigner une origine » égyptienne. Si parmi les monuments toscans on en trouve » qui peuvent assurer la manière de lire leurs lettres et la » signification de quelques mots de leur langue, on pourra » conjecturer avec plus de probabilité ; sans ces secours, nos » divinations seront fort incertaines. J'ai cru, monsieur, ne » pouvoir mieux vous prouver avec quelle attention j'ai lu » votre ouvrage qu'en vous exposant et qu'en soumettant » à votre censure les idées que j'avais eues sur le même sujet.

» J'ai l'honneur d'être, monsieur, avec tout le respect dû » à votre mérite et à votre naissance, à laquelle les lettres » prêtent un nouveau lustre, votre très-humble et très» obéissant serviteur,

» FRÉRET,

» de l'Académie royale des Belles-Lettres. »

Page 10 : *Son voyage, dont il a laissé une relation manuscrite, etc.*

Cette relation est fort loin de ressembler à ces *impressions de voyage* dont on a tant abusé de nos jours. Il ne s'occupe guère d'y décrire les beautés de la nature ; en revanche, il y manque exactement les inscriptions qu'il a relevées à Arles et à Narbonne, les curiosités qu'il a vues chez l'intendant Lebret et le président de Mazaugues, à Aix, chez le marquis de Caumont, à Avignon, ou l'abbé Lebeuf, à Auxerre. C'étaient les grands événements de son voyage.

Dès qu'il arrive à Paris, son journal devient plus intéressant. C'est là qu'on juge combien l'amitié de Maffei lui fut utile, par les personnages illustres qu'il lui fit connaître et les facilités qu'il lui donna pour s'instruire. Il fréquentait assidûment les Académies et les bibliothèques. Dans celle du roi, il fut choqué de voir que le beau recueil de plantes et d'animaux dessinés par Robert, Bosse et Aubriet, était en un grand désordre et n'avait pas de catalogue. L'abbé Bignon, bibliothécaire du roi, le chargea d'en faire un qui fût exact et méthodique. Séguier, après avoir résisté longtemps par modestie, finit par se rendre. « J'obéis, nous dit » il, et je fis de mon mieux pour correspondre à ses vues. » Ces dessins étaient placés dans les volumes qui les con» tenaient presque sans aucun ordre. Je choisis la méthode » de Tournefort comme la plus exacte et la mieux suivie » pour ranger les plantes. Je les divisai par les classes que » cet auteur a inventées, et je mis dans le catalogue, d'abord » le nom qu'il a donné à la plante, ensuite celui qui est sur » le dessin en miniature, et après, les principaux synonymes » qui sont dans les meilleurs auteurs de botanique. Je laissai » quelques feuilles vides entre chaque espèce de plantes, » tant dans les volumes que dans le catalogue, pour y placer » les nouvelles espèces que l'on fera dessiner dans la suite. » Je suivis, pour ranger les animaux, la méthode de Ruysch. » Après six mois d'un travail continu, je présentai ce ca» talogue à M. l'abbé Bignon, qui en fut content, et m'a » témoigné toute la satisfaction qu'il en avait. »

Séguier connut à Paris à peu près tous les littérateurs de ce temps : les Jussieu, Réaumur, Maupertuis, Fontenelle, *qui conserve,* dit-il, *à l'âge de* 80 *ans, tout le feu et le brillant d'un esprit vif et enjoué;* Bouchardon, d'Olivet, La Condamine, Montesquieu, et Voltaire, dont il parle ainsi : «M. de » Voltaire est trop connu pour que je vous en fasse le por» trait. Ce fameux poète travaille toujours. Son *Alzire* eut » un succès prodigieux ; on s'étouffait au théâtre pendant » les quinze premières représentations. Quoique les acteurs » français soient excellents, il allait lui-même les dresser et » leur apprendre à réciter sa pièce. Sa liberté de penser et » quelques ouvrages qu'il a composés lui ont attiré des affaires » fâcheuses, dont il s'est toujours débarrassé par son mérite » et le crédit de ses amis. Il a cependant un grand nombre » d'envieux. Parlant un jour de ce sujet avec lui, il me dit » *qu'on l'enviait parce qu'il avait du bien, et que ses ennemis* » *en crevaient de dépit.* Il jouit en effet d'une très-honnête » fortune, et les pièces qu'il donne au théâtre lui rapportent » toujours beaucoup, de même que l'édition de ses autres » ouvrages. On publia, dans le temps que j'étais à Paris, ses » *Lettres philosophiques.* Ce livre l'obligea à s'absenter du » royaume ; quelque temps après, ses affaires s'accommodè» rent, et il revint à Paris Je le félicitais sur son retour, » et je lui parlais du plaisir que ses amis et les gens de let» tres avaient de le revoir ; il me dit, sur cela : *que tous* » *ceux qui avaient quelque estime et quelque amour pour la* » *vertu, seraient bien aises de le revoir.* Ces pensées, qui le » rendent un peu trop plein de lui-même, lui ont été re» prochées. Mais ce défaut est en quelque façon pardon» nable dans une personne d'autant de mérite et de répu» tation... Ce poète est d'une constitution très-faible ; il » travaille trop ; il est maigre et sec : un feu secret le dévore » et le consume. »

A Londres, Séguier, après avoir admiré la richesse de la ville, et *cet air d'aisance qu'on ne trouve pas ailleurs*, s'occupa, selon sa coutume, à visiter les savants et les bibliothèques. Il y prit tant de goût, que de Boze lui écrivait :

« Il me paraît que l'Angleterre a déjà fourni bien des » choses à votre curiosité, quoique vous ne soyez encore » qu'au commencement de vos recherches ; j'espère cependant que vous n'en estimerez jamais moins votre patrie, » qui a des avantages reconnus, et qu'il serait d'ailleurs » toujours beau d'aimer, même dans sa pauvreté. »

Il visita avec soin les cabinets des lords Sunderland et Halifax, la bibliothèque Bodléienne et celle de lord Oxford. Dans cette dernière, il étudia divers manuscrits antiques, et surtout un grand nombre de romans du moyen-âge. A ce sujet, il écrivit au célèbre Lacurne de Sainte-Palaye, qui s'occupait de ce genre de travaux, et en reçut la lettre suivante :

« Quoique j'aie vu beaucoup de manuscrits dans le genre » dont vous me parlez, Monsieur, il s'en faut bien encore » que j'aie tout vu, et je vous serai infiniment obligé de vous » ressouvenir toujours de moi et de m'instruire de tout ce » que vous trouverez. Je connaissais plus d'un exemplaire » du *Breviari d'Amor* aussi bien que plusieurs des anciens » poètes français que vous avez vus dans la bibliothèque » de milord Oxford ; mais il est toujours utile de savoir ce » qui reste d'exemplaires de ces sortes d'ouvrages, pour y » recourir dans le besoin. Comme ils sont souvent très-défectueux, leur multiplicité sert à les corriger les uns par les » autres. J'écris aujourd'hui à M. le président de Mazaugues, » qui part pour aller en Italie faire quelques recherches au » sujet de nos anciens poètes provençaux. Je lui ai fait part » des nouvelles que vous me donnez de M. le marquis Maffei » et du voyage que vous allez faire ensemble dans la Hollande. » Vous ne manquerez pas de voir, en passant à Amsterdam, » un M. de Neuville, qui est extrêmement versé dans l'histoire naturelle ; c'est un homme d'un grand savoir et d'un » esprit très-aimable. Vous vous convenez trop pour n'être » pas bientôt fort amis, quand vous vous serez vus. Je serais

» bien aise que vous voulussiez faire un peu mention de moi » ensemble. Vous ne sauriez me mettre en meilleure compa- » gnie, ni que j'aime et j'estime d'avantage. — (28 août » 1736). »

Après un long séjour à Londres, Séguier visita les villes les plus importantes de l'Angleterre, et surtout Oxford et Cambridge, où il alla voir très-respectueusement le célèbre Richard Bentley, un des premiers érudits de son temps. « Je m'attendais, nous dit Séguier, à trouver un autre homme : » *minuit præsentia famam ;* ce docteur ne nous parla que de » vin et de la peur qu'il avait de voir les bouteilles vides. Il » est vrai que cette peur n'était pas sans motif, car, en quel- » ques minutes, il savait fort bien les vider. Il nous dit qu'il » ne s'occupait plus à l'étude, et que, *rassasié de travail et de* » *gloire (satur famæ et operum),* il se reposait. Il fit ensuite » apporter du *punch*, liqueur forte qui plaît beaucoup aux » Anglais, et il pria la compagnie d'en boire, après en » avoir bu lui-même très-largement, non dans un verre, » mais dans une coupe qui contenait plus de sept ou huit » pots de cette liqueur. C'est là toute la conversation que » nous eûmes avec cet illustre biberon. »

Séguier est fort succinct à propos de son voyage en Hollande. Il semble qu'ils ne firent que la traverser. Les Hollandais avaient, depuis longtemps, attaqué la réputation du marquis Maffei ; ils l'accusaient, comme on disait alors, de n'être pas *grand grec*. Je vois qu'en 1733, le marquis de Caumont écrivait au président de Mazaugues :

« Je n'ai point su si nos Français pensaient à la hollan- » daise sur le compte de M. Maffei. Je puis moins qu'un autre » juger de son érudition grecque, mais il m'a paru, dans » les autres genres, nullement inférieur à sa réputation ; » je serais fâché qu'elle vînt à échouer dans le cours de » ses voyages littéraires. Il arrive souvent que la malignité » cherche à déprimer ceux qui ont été le plus applaudis. »

La Bastie, selon son habitude, est plus vif encore contre les Hollandais :

« Le jugement de messieurs les Hollandais, sur le mar-
» quis Maffei, écrit-il au président de Mazaugues, me pa-
» raît bien digne de ces cerveaux bataves dont les opérations
» sont imprégnées de l'air épais que l'on respire en leur
» pays. Ce sont des gens qui ne savent que martyriser un
» auteur classique en cent éditions, et que le mérite d'un
» esprit créateur ne touche point, parce que le leur n'est
» pas fait pour s'élever jusque-là. Qu'ils se mêlent tant
» qu'il leur plaira de régler les rangs de la cour d'Apollon ;
» qu'ils préfèrent, si bon leur semble, le scholiaste le plus
» sec à l'antiquaire le plus laborieux, à l'orateur le plus
» véhément, au poète le plus sublime, leur jugement ne
» me servira pas de règle, et M. Maffei, grand philologue,
» l'emportera toujours dans mon esprit sur les lourds com-
» mentateurs de Pétrone et de Lucain. Je ne prétends pas
» par là attribuer l'impeccabilité à ce savant italien. Peut-
» être ai-je aussi bien remarqué les fautes qui se sont glis-
» sées dans ses ouvrages que messieurs les critiques en *us* :
» mais je n'ai remarqué aucune beauté dans leurs scholies
» à la toise. »

La relation de Séguier s'arrête au voyage de Hollande. On sait qu'il traversa encore l'Allemagne, et qu'à Vienne il fit des observations astronomiques en présence du prince Eugène, qui lui fit présent d'un magnifique télescope. Ces faits sont racontés dans l'excellent article que M. Vincens Saint-Laurent a consacré à Séguier, dans la *Biographie universelle*.

Page 11 : *C'est au retour de ces courses, qu'il écrivit, etc.*

Il ne m'appartient pas, on le comprend, d'apprécier Séguier comme botaniste. Mais j'ai trouvé, dans sa correspondance, quelques témoignages d'hommes compétents, qui peuvent servir à faire connaître sa méthode et à juger sa valeur.

Voici d'abord de quelle manière il raconte, dans la préface de sa *Bibliotheca botanica*, comment lui vint le goût de cette science :

« Scio equidem mirari multos, præsertim concives et amicos, cur, jurisprudentia relicta, ad botanicam, quæ tam diversa doctrina est, me converterim. Quomodo id evenerit paucis indicabo. Petrus Bauxius, medicus mihi amicitia conjunctissimus, rarioribus plantis hortum Nemausi consitum pluribus abhinc annis colebat, et mihi sollicitanti earum notitiam et vires pluries suggerebat. Tunc incessit cupido, non solum exoticas, verum etiam indigenas cognoscendi ; itaque sedulo agrum Nemausensem cum illo peragravi, plantasque omnes in eo sponte crescentes attente conquisivi. Deinde Monspelii, occasione data, N. Chicoynæum, Regis Galliæ nunc protomedicum, et post aliquot tempus Antonium Jussieum, in hortis regiis botanicis simplicium demonstrationem facientes audivi. »

Ce Pierre Baux, son savant compatriote, dont il est ici question, et qui fut, comme lui, correspondant de l'Académie des Sciences, demeura toujours son ami. Dès que Séguier eut fait paraître son traité sur les *plantes de Vérone*, il le lui envoya, lui demandant de lui dire son opinion ; celui-ci s'empressa de le satisfaire.

« Voici, lui écrivit-il, mon sentiment sur cet ouvrage, et celui de mon ami Sauvages. J'ai été charmé que vous ayez préféré le système de Tournefort à celui de Boerhave ou de M. Linnœus, car Tournefort est mon auteur favori, et son système me plaît plus qu'un autre. Je reconnais pourtant qu'il a quelques imperfections que vous avez fort bien fait de redresser, et c'est à quoi, selon moi, devraient se borner ceux qui l'ont suivi, au lieu de forger de nouveaux systèmes. M. Sauvages n'est pas tout-à-fait de

» mon sentiment ; non qu'il condamne la méthode de Tour-
» nefort : il regarde tous les systèmes avec indifférence, et
» ne donne la préférence à aucun. Mais il dit que vous
» auriez dû caractériser chaque espèce de plantes comme
» vous avez caractérisé le genre, afin que ceux qui ne con-
» naissent pas les plantes pussent facilement se mettre au
» fait, sans le secours d'un nombre considérable de volumes,
» et c'est ce qu'a fait M. Linnæus, à ce qu'il dit. Je crois sa
» méthode assez difficile à remplir, quoiqu'il prépare un
» *Botanicum monspeliense* dans ce goût. — (11 mars 1747.) »

On voit par là que Séguier refusa d'abord d'adopter la méthode de Linné. Timide de caractère et revêche aux innovations, il suivit dans ses ouvrages le système de Tournefort, en se contentant de le corriger dans ce qu'il avait de trop défectueux. Il finit pourtant par reconnaître la supériorité de la méthode sexuelle ; et sa conversion, dit un de ses biographes, après une si longue résistance, fut pour Linné une victoire, et pour son système une nouvelle démonstration.

Je n'ai pu retrouver nulle part les lettres de Linné, ni celles de Jussieu. Pourtant le secrétaire perpétuel de l'Académie de Dijon, dans son éloge de Séguier, affirme que Linné lui avait écrit, et l'on n'en peut pas douter pour Jussieu, qui était son correspondant académique, et lui témoigna toujours une vive affection. Que sont devenues ces lettres précieuses ? Les a-t-on égarées par négligence, ou ont-elles tenté l'avidité de quelque amateur ? C'est ce qu'il est impossible de dire aujourd'hui.

En revanche, il reste beaucoup de lettres d'autres naturalistes étrangers ou français, d'Allione, de d'Argenville, et surtout des principaux savants de l'école de Montpellier : Sauvages, Broussonnet, Amoreux, et Gouan, l'élève chéri de Linné. Les lettres de Gouan forment un assez gros volume, et l'on en peut extraire quelques passages qui montrent l'estime que faisaient alors de Séguier les botanistes les plus connus.

Au début de la correspondance, Gouan exprime en termes très-vifs le plaisir que lui causent ces relations scientifiques :

« Les hommes en général, écrit-il à Séguier, aveuglés » de leur propre mérite, croient se suffire à eux-mêmes. » Pour moi, assez heureux pour connaître le prix des » correspondances et le fruit que l'on retire du commerce » des savants, je n'oublie rien pour me procurer ces deux » avantages. Le nombre cependant de ceux qui me font » l'honneur de recevoir les différents mémoires et d'écouter » les différentes découvertes que je leur envoie, n'est pas » bien grand. Je ne connais particulièrement que Linnœus et » Pilberg, en Suède. M. de Jussieu a bien voulu avoir » quelques bontés pour moi. Je sens malgré cela qu'il me » manque quelque chose. Si j'osais me flatter, Monsieur, » de l'honneur de votre correspondance, je n'ambitionne» rais plus rien, faisant ensuite très-peu de cas de tous ces » prétendus savants dont notre France fourmille, gens sans » méthode, dont le seul style a fait le mérite, vrais ignorants » qui marchent à tâtons. — (19 mars 1760.) »

Je crains bien que, dans ces dernières lignes, Gouan ne veuille parler de Buffon. En général, l'ouvrage de Buffon réussit plus dans le monde qu'auprès des savants. Je vois que d'Argenville, par exemple, le traitait fort légèrement et faisait bon accueil aux écrivains qui l'attaquaient : « La » critique de l'ouvrage de M. de Buffon, écrit-il à Séguier, » est un chef-d'œuvre ; et franchement il ne se tirera jamais » de cet écueil » Et ailleurs : « M. de Buffon est si accablé de » la critique qu'il en est malade. Son collègue lève la tête bien » haut ; et, comme, en ce siècle, il ne faut que de la har» diesse, je ne doute point qu'ils ne continuent leur ouvrage. »

Gouan profita de ce commerce, dont, comme on vient de le voir, il sentait tout le prix. Il ne publiait aucun ouvrage sans l'avoir fait lire et corriger à celui qu'il appelait un *des patriarches des sciences et de la chère botanique.*

» Je vous envoie le manuscrit des *Illustrationes et observa-* » *tiones botanicæ*, lui écrivait-il ; vous aurez la bonté de le » lire, et je vous prie de changer les mots, les phrases, les » tournures latines qui ne vous plairont pas, et qui vous » paraîtront louches ou peu claires. Car vous n'ignorez pas » que l'on s'appesantit parfois sur la besogne, au point de » croire être clair pour les autres, quand on ne l'est que » pour soi. »

Il acceptait sans se plaindre les critiques que Séguier lui adressait avec sa modération ordinaire, et lui répondait par ces nobles paroles :

« Me croyez-vous, Monsieur, assez ennemi de moi-même » pour m'opposer à mon propre avantage. Votre critique est » trop saine et trop profitable pour qu'elle puisse choquer. » En m'y exposant souvent je tâcherai de vous faire con- » naître combien je la crois avantageuse pour moi. Il faut » se défier de ses propres forces. L'un voit ce qu'un autre » n'aurait pas observé, et c'est en discutant les faits que » l'on s'approche du vrai.

Aussi, quand l'ouvrage était imprimé, il s'empressait de le lui faire parvenir, et la compagnie dans laquelle il le place nous fait connaître le cas qu'il faisait de sa science.

« Le libraire m'en réservera plusieurs exemplaires pour » mes amis, dit-il en lui parlant de son ichthyologie ; les » premiers servis seront Haller, Linnœus et Séguier, *æternæ* » *amicitiæ !* Les autres s'en passeront ou les achèteront, si » je n'en ai pas à leur donner. »

Encore aujourd'hui, la botanique conserve quelque souvenir de Séguier, et elle lui a témoigné, à sa manière, sa reconnaissance des services qu'il lui a rendus. Linné et Lœfling ont donné à toute une famille de plantes le nom de *Seguieria* qu'elle conserve encore.

Page 13 : *La découverte de Séguier eut une fortune singulière, etc.*

Pour être juste, il faut dire que la première idée de découvrir une inscription par les trous creusés sur la pierre n'appartient pas à Séguier. Il raconte, dans sa dissertation, qu'au siècle précédent, le savant Peiresc s'était plusieurs fois servi avec bonheur de ce procédé. Lui-même, dans sa jeunesse, essaya de l'appliquer à la Maison-Carrée. Mais là, le succès n'était pas facile Vraisemblablement, le travail avait été fait par des ouvriers mal habiles, qui, ayant creusé leurs trous, ou trop près les uns des autres, ou en dehors de la ligne droite, furent forcés de les refaire ; de là vient qu'il y a sur la pierre une quantité de trous inutiles qui causent mille embarras, quand on veut chercher ceux qui servaient réellement à attacher les lettres. Séguier y perdit patience et déclara l'inscription indéchiffrable. Il fut confirmé dans cette pensée par son ami Maffei, qui, ne pouvant pas mieux réussir que lui, nia résolument l'existence d'une inscription quelconque, et soupçonna que les trous devaient avoir une autre destination. Ce travail paraissait donc abandonné, lorsque l'abbé Barthélemy, dans un mémoire lu à l'Académie des Belles-Lettres, le 15 novembre 1757, engagea à le reprendre et assura qu'on y réussirait. Séguier en doutait encore, et le 10 mai 1758, il écrivit à Graverol : *que les trous n'avaient jamais servi pour les lettres d'une inscription* Barthélemy insista, fit écrire à Séguier par Graverol, en même temps que Ménard le pressait d'essayer, pour placer le résultat de cet essai dans le dernier volume de son *Histoire de Nîmes*. Séguier se rendit enfin, fit dresser des échafauds, et à force de patience et d'habileté parvint à lire l'inscription.

Divers journaux rendirent compte de la dissertation de Séguier. L'*Année littéraire* lui consacra un assez long article (1759. t. 7. p 201). Le *Journal de Trévoux* (déc. 1753) finissait le sien par ces mots : « Cette dissertation est d'un » homme d'esprit et d'un bon antiquaire. L'Académie des » Belles-Lettres lui a fait beaucoup d'accueil. » Enfin Grimm en parle dans sa *correspondance* (1er avril 1759), assez légèrement, il est vrai ; mais il n'aurait pas songé à s'en occuper, si elle n'avait fait quelque bruit.

Page 15 : *Aussi, n'épargnait-il rien pour les aider, etc*

Il serait trop long d'énumérer tous les services qu'il a rendus à la science, pendant sa longue carrière. La lecture de sa correspondance m'a convaincu qu'il n'est presque pas de savant de cette époque qui n'ait eu recours à son obligeance. C'est lui qui revoyait les dissertations envoyées par son ami Calvet à l'Académie des Belles-Lettres. Il dirigeait, dans ses travaux d'érudition, le président d'Orbessan, qui lui rendit justice en lui dédiant ses *variétés littéraires*. Vers la fin de sa vie, il soutenait le pauvre Le Brigant dans ses recherches sur la langue celtique, et celui-ci lui envoyait l'avant-propos de son Dictionnaire, dans lequel il disait *qu'il avait été encouragé dans son projet par les suffrages de M. Séguier, de Nimes, l'un des savants de l'Europe les plus en état d'en juger*. Son compatriote Court de Gébelin le consultait sur les inscriptions palmyréennes, lui faisait remettre par leur ami commun, Rabaut-Saint-Etienne, le manuscrit de son *Monde primitif*, et le remerciait ainsi de ses observations judicieuses :

« Je vous rends mille graces ; vos lettres m'ont appris diverses choses que j'ignorais et qui me seront très-utiles. » J'admire comment vous avez pu rassembler tous ces faits ; » rien n'y est oublié. Je désirerais bien recevoir souvent de » pareilles lettres, et vous pouvez bien être assuré du plaisir » que vous me procurerez toutes les fois que vous voudrez » bien m'en écrire. — (Mai 1774.) »

Hagenbuch, Oberlin, Pacciaudi, le consultaient avec respect ; il relevait les opinions hasardées du comte de Caylus, qui lui répondait modestement :

« Je ne suis pas un savant ; je juge par l'habitude du dessin, » et demande conseil sur les points embarrassants. J'avoue » quand j'ignore, dans l'espérance que cet aveu sincère, » joint à une exposition aussi claire que possible de la » difficulté, pourra mettre quelqu'un en état de m'instruire » et de me relever. »

Quand le célèbre astronome Lalande publia son voyage en Italie, il s'adressa à Séguier pour avoir des renseignements sur Vérone. Celui-ci les lui envoya avec l'empressement qu'il mettait à obliger et dont nous voyons que Lalande le remercie dans sa lettre du 15 juillet 1768 :

« Je me suis aperçu, à mon retour d'un grand voyage » en Bretagne, que j'avais oublié de répondre à la lettre » dont vous m'honorâtes, le 25 avril, et que je ne vous » avais pas remercié des éclaircissements très-instructifs que » vous eûtes la bonté de me donner. Souffrez que je répare » mes torts, et daignez agréer mes plus humbles actions de » grâce. J'ai déjà fait usage, dans le manuscrit de mon » voyage d'Italie, de ce que vous avez bien voulu m'envoyer, » en citant mon digne auteur et en parlant de votre beau » cabinet. »

En effet, dans le septième volume de son voyage, Lalande parle longuement, d'après Séguier, dont il cite l'autorité, de la terre verte de Vérone et de la montagne d'où l'on tire les poissons pétrifiés ; puis il ajoute, à propos de son cabinet, ces quelques lignes, qui devaient singulièrement le flatter dans son amour-propre de collectionneur :

« Une des plus belles collections que l'on ait faites, relativement au territoire de Vérone, est celle que M. Séguier » avait formée et qu'il a transportée à Nimes, sa patrie, » après la mort de son illustre ami, le marquis Maffei ; elle » contient des morceaux admirables, surtout des poissons

» pétrifiés, d'une grosseur extraordinaire et d'une ressem-
» blance singulière. Je ne me rappelle pas d'en avoir vu
» d'aussi beaux, excepté peut être le poisson qui était à
» Beaune, et dont on avait refusé des sommes considé-
» rables. Il est actuellement au cabinet du roi. »

L'historien de Provence, l'abbé Papon, eut aussi recours à lui pour la correction de son premier volume, où son ignorance des inscriptions l'avait entraîné à des fautes nombreuses que Séguier corrigea avec sa conscience ordinaire.

« J'ai bien ri de mes bévues, lui écrivait Papon en le
» remerciant ; mais le lecteur en aurait bien ri davantage
» si vous n'aviez eu la bonté de m'éclairer. Je les soupçon-
» nais par la conviction où je suis de mon ignorance en
» fait d'antiquité, mais il m'était impossible de les con-
» naître. — (6 mars 1775). »

Aussi, voulut-il rendre sa reconnaissance publique, en insérant ces mots dans sa préface :

« Les inscriptions qu'on lit dans Bouche étant presque
» toutes mutilées, il m'eût été impossible d'entendre celles
» que j'en ai prises, et qui sont en petit nombre, sans le
» secours de M. Séguier, de Nimes, associé de l'Académie
» des Inscriptions et Belles-Lettres, qui m'en a donné la
» véritable leçon. Les sciences auraient bientôt fait des pro-
» grès, si tous les savants étaient, comme lui, d'une éru-
» dition éclairée, d'une critique sûre et d'une complaisance
» qui le rend prodigue de ce qu'il sait. »

Je pourrais sans peine multiplier ces exemples ; mais ceux que j'ai cités suffisent, je crois, à montrer l'obligeance de Séguier et les services qu'il rendait à tous les gens de lettres. Ils nous font comprendre quel fut son rôle au XVIIIme siécle, et comment, sans presque avoir écrit d'ouvrage, il se trouvait le savant le plus connu et le plus utile de son temps.

Page 16 : *C'est ainsi qu'il fut le protecteur et l'ami, etc.*

Séguier avait connu Rochefort pendant le séjour qu'il fit en Languedoc, comme receveur-général des fermes. Plus tard, quand l'amour des lettres le fit renoncer à sa position et qu'il partit pour Paris avec sa traduction de l'*Iliade*, l'amitié de Séguier lui fut très-utile pour se faire connaître aux gens de lettres.

« Le nom de M. Séguier est fait pour ouvrir tous les cabinets... Je me fais un mérite de votre connaissance auprès » de tous ces Messieurs, et je profiterai, avec grand empressement pour mon compte, de l'estime singulière qu'ils ont » pour vous. Elle m'a déjà valu la bienveillance de M. Le » Beau, à qui j'ai remis quelques cahiers de mon *Homère*, » qu'il a eu la bonté d'examiner, la plume à la main, et en » me donnant les plus grands encouragements. — (22 mars » 1763.) »

Leurs relations continuèrent jusqu'à la fin. Rochefort, devenu membre de l'Académie des Belles-Lettres, n'oublia pas ce qu'il devait à Séguier, et Séguier, de son côté, continua à s'informer de ses travaux et à le soutenir de ses conseils et de ses éloges, comme on le voit par les deux fragments suivants de la correspondance de Rochefort :

» Je reçois, Monsieur, les éloges que vous voulez bien « me donner sur mon ouvrage, comme un voyageur dans » les déserts reçoit une douce pluie que le ciel lui envoie. » La carrière que j'ai osé courir est un véritable désert, » ignoré du commun des hommes. J'ai eu le courage de m'y » engager sans provisions, je veux dire sans cette provision » d'éloges que ne manque pas de faire tout homme qui » aime moins les lettres que la gloire. — (12 mars 1765.) »

« Je voudrais, pour l'intérêt que vous daignez prendre à » mes travaux, avoir à vous annoncer quelque nouvelle » entreprise qui en fût digne. Mais vous savez la tâche à

» laquelle je me suis voué. Les muses ne recevront de moi » qu'une même espèce de guirlandes. Homère, et puis encore » Homère, voilà le champ que je laboure éternellement ; » c'est ce λαας ἀναιδης que le pauvre Sisyphe roulait au » haut de son rocher et qui retombait ensuite au bas de » la montagne ; enfin, pour m'expliquer plus clairement, » l'*Iliade* a fait place à l'*Odyssée*. — (6 juin 1774.) »

Quant à Sainte-Croix, bien qu'il reste un assez grand nombre de lettres de lui à Séguier, les plus intéressantes ont disparu. Séguier lui-même les a détruites, à la demande de son jeune ami.

« Je ne vois pas la nécessité, lui dit Sainte-Croix, de » conserver aucune de mes lettres. Certainement, elles ne » méritent pas de se trouver en aussi bonne compagnie » que chez vous. La grâce que je vous ai demandée de les » brûler, je l'ai exigée de mes amis, dont quelques-uns » sont plus jeunes que moi. J'espère que vous me l'accor- » derez aussi ; j'espère vivre dans votre cœur comme vous » vivrez éternellement dans le mien. Je n'ai donc pas besoin » de laisser quelque trace d'une correspondance franche et » libre dans vos papiers. — (Mai 1781.) »

Parmi celles que Séguier a cru pouvoir garder, il en est plusieurs dans lesquelles Sainte-Croix le consulte sur ses travaux, et lui demande son aide.

« Vous me rendrez le plus grand service de m'envoyer » les éclaircissements sur les colonies étrusques que je vous » demande. Ils me sont d'une nécessité absolue pour ma » seconde édition, ou pour un supplément que je donnerai » à mon ouvrage, et auquel je me prépare à travailler. » Vous ne pouvez rien faire qui puisse me donner plus de » plaisir. — (Mai 1780.) »

« Je travaille à différents ouvrages, entr'autres à un mé- » moire pour l'Académie, sur les travaux maritimes entre- » pris par les empereurs, en Italie. Des ports, des môles

» furent élevés, des phares construits, etc. Si vous pouviez » m'indiquer quelque auteur moderne qui en ait parlé, » mais surtout me communiquer quelque inscription relative » à ces travaux, vous me rendriez un service signalé. » Cela ajouterait à ma reconnaissance, qui ne peut être » plus sincère. — (Mars 1781.) »

C'est sans doute par Sainte-Croix que Séguier connut Dansse de Villoison. On voit du moins que celui-ci, qui oyageait alors en Italie, où il fit ses belles découvertes, se sert de l'intermédiaire de Sainte-Croix pour consulter l'érudition de Séguier.

« M. de Villoison, dit Sainte-Croix à Séguier, m'a écrit de » Venise pour vous demander de sa part si vous ne vous rappellez pas avoir lu une dissertation sur le *papyrus* qui croît » à Pérouse ; il croit l'avoir aperçue dans la *Nova raccolta* » *d'opuscoli scientifici e filologici* de Calogiera, et ne peut l'y » retrouver. — (Avril 1780.) »

Et non-seulement Séguier aidait ces jeunes gens de ses conseils ; il les servait aussi par les connaissances qu'il leur procurait. Il mit en relation Sainte-Croix avec Rochefort, qui lui fut très-utile (lettre de Rochefort, 25 juin 1773), et fit connaître Villoison au savant évêque d'Agde, Saint-Simon, qui parle de lui en ces termes, dans une lettre qu'il écrit à Séguier :

« Je suis très-empressé de vous remercier de toutes vos » marques d'attention à mon égard. J'ai reçu et dévoré la » charmante lettre de M. de Villoison. Si ce jeune homme » continue, il sera un des plus savants hommes de son siècle. » Je l'y invite de toutes mes forces. Mais quand je considère » la route uniforme que prennent aujourd'hui tous ceux » qui, comme lui, annonçaient les plus grands talents ; » quand je les vois s'arrêter presque aux premiers succès, » se faire honneur de leur réputation en se répandant dans » le monde et la frivolité, je sens, malgré moi, que je » désire plus que je n'espère. — (1er avril 1775.) »

Page 17 : *Tel était surtout le grand ouvrage, etc.*

Voici ce que, dans son voyage archéologique, (tome IV, 1re partie, p. 290), Millin dit de cet *Index* de Séguier, qu'il vit et étudia dans la bibliothèque de Nimes :

« Séguier s'était occupé sans relâche du catalogue de » toutes les inscriptions grecques, latines, étrusques. Il dé» pouilla tous les ouvrages publiés sur cette matière, et en » fit l'histoire critique qu'il poussa jusqu'à l'année 1770 in» clusivement. Cette histoire critique, qui sert de prolégo» mènes à ses *Index*, est écrite en latin et remplit seize » cent dix pages petit *in-folio*, divisées en deux volumes. » Le titre de l'*Index* est : *Inscriptionum antiquarum index* » *absolutissimus, in quo Græcarum, Latinarumque inscrip*» *tionum quæ in editis libris reperiri potuerunt prima verba* » *describuntur, operumque in quibus referuntur loca indi*» *cantur ; etruscarumque et exoticarum indice ad calcem* « *adjecto; operâ Joannis-Francisci Seguierii, anno* 1749. » Ces deux volumes remplissent 1092 pages. L'*Index* des » inscriptions grecques forme un cahier particulier, ainsi que » celui des inscriptions étrusques. Un troisième cahier con» tient la table des auteurs cités dans les *Index*; deux autres » manuscrits, l'un *in-folio* et l'autre *in-quarto*, renferment » des inscriptions grecques, latines, et des notes écrites en » français, qui seront utiles à celui qui sera chargé de la publi» cation de ce grand travail. L'Europe savante attend depuis » quarante ans cette publication, et les presses impériales, » qui ont enrichi la république des lettres de tant d'ouvrages » importants, devraient être chargées de publier celui-ci. »

Après la mort de Séguier, l'Académie de Nimes, qui était sa légataire, s'occupa de la publication de son *Index*. Il sembla d'abord que le gouvernement devait faire les frais d'un si important ouvrage, et M. de Joubert, trésorier des États du Languedoc, écrivit en ce sens au baron de Breteuil.

Cette demande n'ayant pas réussi, l'Académie se détermina à chercher un libraire elle-même. Dansse de Villoison s'occupa activement de cette affaire, et, dans une de ses lettres, conservée aux archives de l'Académie, je lis ces mots :

« Dites à M. Vincent que je n'ai point oublié sa commis-» sion, que les circonstances présentes la rendent beaucoup » plus difficile à exécuter, mais que M. Piestre, riche libraire » à Lyon, auquel j'ai beaucoup parlé de ce bel ouvrage de » M Séguier, ne paraît pas éloigné de l'imprimer ; qu'on » achèverait de le déterminer si on le pressait vivement, » ce qui est fort important pour la gloire de l'Académie et le » bien des lettres. »

Il paraît qu'enfin, en 1789, Didot s'était décidé, sans doute à la recommandation des savants amis de Séguier, à se charger de l'impression de son manuscrit. Mais la révolution vint encore une fois tout entraver, et ce manuscrit resta enfoui dans les cartons de la bibliothèque de Nimes. Il n'y devait pas rester longtemps. — Sainte-Croix craignait qu'à Nimes il ne fût mal placé pour être consulté des savants. « Je regrette tous les moments de ma vie, écrivait-» il à Séguier, en 1783, que vous n'ayez pas laissé à la » bibliothèque du roi le fruit de vos veilles. Il y aurait pu » être connu, consulté, et peut-être serait-on parvenu à le » faire imprimer. Moi-même j'y aurais travaillé avec zèle, » jaloux des progrès des lettres et zélateur de votre gloire. » Vous voulez donc laisser enfoui ce précieux monument à » Nimes ? Quelle barbarie ! »

C'était sans doute aussi l'opinion de Chardon de la Rochette, qui, au mois de thermidor an XIII, demanda et obtint la permission d'emporter le manuscrit à Paris, promettant de le renvoyer après qu'il l'aurait montré à l'Institut. Il n'en est plus revenu, et la bibliothèque de Nimes ne peut plus montrer aux étrangers que le reçu de Chardon de la Rochette.

A Paris, le manuscrit de Séguier a été souvent consulté

avec fruit par les savants qui s'occupent de ces matières. En 1844, M. Villemain, qui, dans son active et intelligente administration, dont l'instruction publique a tant profité, s'occupait avec dévoûment des progrès de la science, forma une commission d'épigraphie, chargée de publier le recueil de toutes les inscriptions latines. Cette commission choisit M. Egger pour son rapporteur, et certes, elle ne pouvait faire un meilleur choix. Par l'étendue de ses connaissances aussi bien que par sa libéralité à les communiquer aux autres, ce savant semble être de la famille de Séguier; aussi, dans son rapport à M. Villemain, rend-il à l'antiquaire nimois un hommage que je suis heureux de reproduire.

« Vous le saviez, Monsieur le ministre, le jour où vous » nous exposiez ici la première pensée de votre projet; un » savant, qui s'est distingué par de belles recherches dans » les sciences naturelles, Jean-François Séguier, avait conçu, » avec son illustre ami, Scipion Maffei, le projet de recueillir » en un seul corps toutes les inscriptions grecques et latines. » Détourné de ce projet par divers obstacles, entr'autres » par la publication du recueil de Muratori, il s'imposa une » autre tâche plus utile, si l'on songe à l'état de la science » épigraphique au commencement du XVIIIme siècle. Il en» treprit de rédiger le catalogue alphabétique, par lettres » initiales des inscriptions anciennes, publiées dans les ou» vrages de tout genre depuis l'invention de l'imprimerie, » et durant vingt-cinq ans, il poursuivit son travail avec cette » exactitude et ce courage qui sont bien près du génie dans » les choses d'érudition.... Si on joint à cet ouvrage ce qui » reste aujourd'hui de la collection qu'il avait jadis com» mencée, on verra que Séguier a vraiment posé les bases » du monument que nous tâchons d'élever aujourd'hui. » Conçu et préparé par un français, ce grand projet devait » s'accomplir en France.... Vous ne négligerez pas de re» cueillir les matériaux que de savants hommes ont pu

» amasser hors de France, en vue de semblables études.
» Mais en réalisant la pensée de Séguier, sur des proportions encore agrandies, avec les précieux instruments qu'il vous a légués, vous revendiquerez une gloire méritée par un des noms les plus modestes de la philologie française. »

Ce projet ne fut pas alors exécuté ; on l'a repris, il y a quelque temps, dans des proportions plus modestes. Il ne s'agit plus de publier que les inscriptions de la France, et c'est M. Léon Renier, membre de l'Institut, et le savant le plus versé en ces matières, qui est chargé de cette publication. Espérons enfin, pour la gloire de la France, qu'elle ne sera pas abandonnée et que nous ne nous laisserons pas devancer, par les nations voisines, dans une science où, grâce à La Bastie, à Séguier et à tant d'autres, nous tenions, au siècle dernier, la première place.

Page 19 : *De retour à Paris, Malesherbes écrivit à Séguier.*

Voici la lettre de Malesherbes ; elle est conçue en termes si obligeants pour Séguier, que je la rapporterai tout entière :

« A Rhosny, ce 24 septembre 1767.

» Je suis revenu à Paris, à la vérité, mais j'y ai peu séjourné, et je suis venu m'enfermer à la campagne avec quelques-uns de mes parents qui y sont retenus pour cause de maladie.

» J'y ai reçu, avec bien de la reconnaissance, la lettre qui m'a appris que j'avais conservé quelques parts dans votre souvenir, et je suis très-flatté qu'un séjour aussi court que celui que j'ai fait à Nimes m'ait procuré la connaissance, et je voudrais oser dire l'amitié d'un homme de votre réputation et de votre mérite.

» Je voudrais bien que vous m'honorassiez quelquefois » de vos commissions littéraires ou autres. Si l'âge et sur» tout le défaut de vue empêchent quelquefois M. de Jussieu, » votre correspondant académique, d'être exact à vous répon» dre, je ne prétendrai sûrement pas suppléer à cet homme » célèbre, mais je puis savoir de lui quelle réponse il aurait » à vous faire, et vous la faire passer exactement.

» Je n'avais pas attendu votre lettre pour vous envoyer » le *madrépore* ou cerveau de mer dont je vous ai parlé ; » mais vous m'aviez recommandé d'attendre que vous m'en» voyassiez une adresse, et à présent mon absence de Paris » retardera cet envoi plus longtemps que je ne voudrais ; car » je ne prévois pas que j'y sois de retour avant la Saint-» Martin, et mes morceaux d'histoire naturelle sont si mal » rangés qu'il n'y a que moi qui puisse y chercher.

» J'ai l'honneur d'être, Monsieur, avec tous les sentiments » qui vous sont dus,

» Votre très-humble et très-obéissant serviteur,

» LAMOIGNON DE MALESHERBES. »

Après la visite de Mme de Rosambo, que Séguier avait accueillie avec son empressement ordinaire, Malesherbes lui écrivit la lettre suivante :

« Je suis pénétré de reconnaissance, Monsieur, de la ré» ception que vous avez bien voulu faire à ma fille, quand » elle a passé à Nimes. J'ai appris d'elle que vous vous » étiez donné la peine de lui faire les honneurs de la ville » et de lui montrer vous-même vos précieuses antiquités, » quoique vous fussiez incommodé ; et je vous avoue que » je crains beaucoup que cette marque de complaisance n'ait » encore nui à votre santé. Ma fille est bien jeune, mais » elle est capable de comprendre toute la reconnaissance qui » vous est due, et elle a le respect qu'elle doit à un homme » de votre mérite. — (25 avril 1779.) »

Page 20 : *Lorsqu'une place devint vacante, etc.*

Séguier ne put être nommé à l'Académie des Belles-Lettres la première fois que Malesherbes le présenta. Les académiciens avaient pris des engagements antérieurs qui les avaient liés ; mais ce refus était accompagné de tant de marques de regret que Séguier en fut honoré comme d'un succès. Voici la lettre par laquelle Malesherbes lui fait part de l'événement :

« Paris, ce 20 août 1768

« Je dois vous instruire, Monsieur, de ce qui s'est passé » hier à l'Académie des Belles-Letres, à votre occasion.

» Depuis quelque temps, différentes affaires m'ont empê» ché d'y assister régulièrement, en sorte que j'ignorais qu'il » avait été décidé que quatre des places d'associé libre de » cette Académie seraient destinées aux savants qui résident » dans le royaume, mais qui ne demeurent point a Paris, » et que les autres seraient possédées par des étrangers.

» J'allai hier à l'Académie, et l'on y était occupé à nom» mer à une des places de regnicole qui était vacante par » mort. M. de Burigny, l'un de nos confrères, l'avait de» mandée pour M. de Pouilly, son neveu, qui demeure à » Rheims, et chacun lui avait promis sa voix ; je ne lui ai » sûrement pas refusé la mienne non plus.

» Mais avant qu'on prit place, quelques académiciens » observèrent que les concurrents pour ces sortes de places » n'étant point à Paris, ni le plus souvent instruits des occa» sions, il était nécessaire de faire des démarches en leur » faveur avant que les places vinssent à vaquer. En consé» quence, ils proposèrent un homme de beaucoup de mérite, qui habite aussi en province.

» En ce moment, Monsieur, il me vint une idée, que je » me flatte que vous ne désapprouverez pas ; je parlai de » vous, quoique vous ne m'eussiez donné aucune mission

» pour cela, et ma proposition fut reçue de façon que si » l'engagement n'avait pas eté pris pour le neveu de M. de » Burigny, je ne doute pas que dès cette fois-ci vous » n'eussiez été élu unanimement. On alla aux voix, et je » vous dirai, sous le secret, car le scrutin de l'Académie ne » doit jamais être publié, que, malgré la promesse faite à » M. de Burigny par presque tout le monde, vous avez » eu onze voix de vingt-sept. Je vous avouerai de plus que » la mienne n'était pas une de ces onze. Quoique je vous » regardasse bien comme plus digne que personne du choix » de l'Académie, je trouvai l'engagement avec M. de Burigny » si formel, que c'eut été lui faire une espèce d'affront.

« La bonne volonté des académiciens ne s'effectuera pas » de longtemps vraisemblablement, parcequ'il n'y a que » quatre places. Cependant, ce qui s'est passé en cette occa» sion m'a paru assez flatteur pour devoir vous être mandé. » Je vous conseille d'écrire à M. Lebeau, secrétaire de l'Aca» démie, et qui n'a pas été un des moins ardents à vous » rendre la justice qui vous est due, et de lui marquer » que vous vous présentez pour la première place vacante.

« Je ne vous ferai point l'énumération de tous les autres » académiciens qui ont témoigné le désir qu'ils avaient de » devenir vos confrères. Je ne vous parlerai que du seul » M. de Burigny, qui, malgré l'intérêt qu'il avait à l'élec» tion actuelle, s'est expliqué sur vous dans les termes les » plus convenables, et m'a chargé de vous marquer com» bien il avait de regret de s'être trouvé en concurrence » avec vous, et combien il désirait de concourir de son » suffrage à votre nomination. Vous connaissez, Monsieur, » tout l'attachement que je vous ai voué, et avec lequel » j'ai l'honneur, etc. »

On voit, par une lettre de Rochefort sur le même évé-nement, que Duclos était un des académiciens qui s'étaient le plus entremis pour Séguier.

Il n'y eut de place vacante que quatre ans après, et Séguier fut élu en 1772, en remplacement de Fevret de Fontette.

Page 22 : *Il voulut donner à sa patrie une dernière marque d'affection*, etc.

Dans sa longue carrière, il n'avait jamais manqué les occasions de la servir. On l'avait plus d'une fois délégué à Montpellier pour traiter, auprès des États ou de l'intendant, des affaires délicates. Quelque regret qu'il éprouvât à quitter ses livres, il s'empressait de partir. « On a eu » bien raison, lui écrivait Calvet, de vous prier d'aller à » Montpellier pour les affaires de Nimes ; c'est savoir mettre » sa cause en bonnes mains. (21 janvier 1778.) » — Une fois même, les intérêts de Nimes l'amenèrent jusqu'à Toulouse ; le parlement venait de supprimer le collége, après le départ des Jésuites : Séguier eut tant d'influence et plaida si bien la cause de ses compatriotes qu'il le fit rétablir.

En 1778, la Maison-Carrée, qu'on avait jusque-là fort négligée, menaça de s'écrouler. Monseigneur de Becdelièvre donna aussitôt trois mille livres de sa bourse pour qu'elle fut réparée ; les États du Languedoc ajoutèrent quatre mille livres, à condition que Séguier serait chargé de diriger les réparations. Il y voulut bien consentir, et le conseil de ville, en votant des remercîments aux États, ajoutait ces mots : « C'est aussi pour cette ville une occasion qui doit lui être » chère de rendre à M. Séguier, citoyen qui l'honore, le » tribut dû au savant célèbre que les vertus sociales et une » modestie rare rendent si respectable. »

Séguier mit une ardeur juvénile à diriger ces travaux. « Animé du même courage qui, dans son enfance, l'avait fait » descendre au fond d'un puits, il eut la force de monter sur » les corniches de la Maison-Carrée et d'en parcourir le » toit avec agilité, pour guider la main des ouvriers occupés

» à réparer ce monument. » (De Ratte, *Éloge de Séguier.*) — A cette occasion, on composa les vers latins suivants :

Temporis indomiti dextrâ quæ triste peribant
Servat Seguieri *religiosa manus.*
Debuit hic solus fanum reparare vetustum
Qui dedit incertis nomina certa notis.
Surgite jam e tumulis, Augusti bina propago,
Aris cum vestris gloria vestra redit.

Page 23 : *Le jour de sa mort, dit Dacier, en prononçant son éloge, etc.*

Cet éloge de Séguier fut lu par Dacier, secrétaire perpétuel de l'Académie des Belles-Lettres, dans la séance du 15 novembre 1785. L'Académie sembla vouloir rendre un dernier hommage à sa mémoire, en choisissant, pour le remplacer, l'évêque d'Agde, le savant et vertueux Saint-Simon, qui fut un de ses amis les plus dévoués, et qui, dans ses lettres, l'appelait toujours son cher maître.

Les autres Académies, dont il était membre, s'empressèrent aussi d'honorer son souvenir ; son éloge fut prononcé à Dijon, par M. Maret ; à Montpellier, par M. de Ratte. Nimes, comme c'était naturel, voulut se distinguer par des honneurs exceptionnels. Sous le péristyle même de la Maison-Carrée, à laquelle il avait attaché son nom par sa belle découverte, devant un public nombreux, qui respectait en lui autant l'honnête homme que le savant, le docteur Razoux raconta sa vie, et Mme de Bourdic lut des vers, où elle dépeignait ses regrets et ceux de toute la cité. C'était, disent les contemporains, une fête antique, et parfaitement imaginée pour honorer la mémoire d'un illustre antiquaire.

Nimes, Typ. Durand-Belle, Place du Château, 31.

www.ingramcontent.com/pod-product-compliance
Ingram Content Group UK Ltd.
Pitfield, Milton Keynes, MK11 3LW, UK
UKHW021012200726
13857UKWH00004B/1402

9 782013 072885